本书由北京第二外国语学院资助出版
特此鸣谢

拉美殖民地时期经济制度的

形成、演化及其影响

（1492-1804）

The
Formation, Evolution
and Impact
of the Economic
Institutions
in Latin America in the
Colonial Period (1492-1804)

毕　晶　著

社会科学文献出版社
SOCIAL SCIENCES ACADEMIC PRESS (CHINA)

本书由北京第二外国语学院资助出版
特此鸣谢

拉美殖民地时期经济制度的

形成、演化及其影响

（1492－1804）

The Formation, Evolution and Impact

of the Economic Institutions in Latin America in the Colonial Period (1492-1804)

毕晶 著

社会科学文献出版社
SOCIAL SCIENCES ACADEMIC PRESS (CHINA)

摘　要

　　本书的分析遵循道格拉斯·C.诺斯有关制度构成以及演化的基本思路，采用历史与制度相结合的基本视角，试图在制度框架与历史语境中寻找拉美经济落后的根本原因。

　　阿西莫格鲁和罗宾逊在《国家为什么会失败》一书中提出的问题是：为什么看上去相似的国家，其经济发展状况和政治发展状况却不同。书中给出了肯定的回答：这个导致不同发展结果的因素就是制度。接着，他们将不同国家的政治制度和经济制度划分为包容型和榨取型，用部分国家的史实说明了包容型制度是实现经济长期增长的关键，榨取型制度虽然能够在一定时期内实现经济增长，但是不能够持续。

　　本书在吸取以上重要观点的基础上，试图回答：拉美"榨取型"经济制度在殖民地时期是如何形成的；这些制度在拉美独立后经历了怎样的历史变化；这些制度对当今拉美的影响何在。在尝试回答上述问题的过程中，本书试图对"榨取型"制度做出更为明确和具体的概念化界定。

　　拉美从殖民地时期的"被奴役"至独立之后的短暂辉煌，再至今日深陷种种发展困境，其发展路径正是本书试图遵从的历史路径，这一纵向的脉络将为我们清晰地呈现殖民地时期拉丁美洲主要经济制度的形成及其演化。与此同时，本书通过制度框架视角，横向比较了三个不同经济制度的形成根源及其发展变化，以期寻找当今拉美经济依然落后的本质原因，并试图提出建议。

本书的创新点在于从制度和历史的视角全新地阐释拉丁美洲经济，并将殖民地时期的经济制度作为主要分析对象，重点刻画其"榨取型"特征的本质。与此同时，本书还试图从政策思考的角度提出改善当今拉美经济状况的"抛砖引玉"型建议。

关键词：拉美 殖民地 经济制度 "榨取型"特征

Abstract

The analysis for this book is to follow the idea of composition and evolution of the institution from Douglass C. North, and it tries to find a fundamental reason for the backward economy in Latin America in the view of the institutional framework and historical context.

There is a question raised by theauthors Acemoglu and Robinson in the book *Why Nations Fail*: why did two similar-looking nations differ so greatly in their economic and political development. The book gives a positive answer, that is, it is the institution that leads to the different development results. Accordingly, the authors described two different institutions: the inclusive one and the extractive one. The inclusive institution contributes to achieve a long-term economic growth, and the extractive institution can be some help in realizing economic growth in a certain period of time, but this kind of growth can never be sustained.

Based on the above ideas, the book tries to answer: how were the "extractive" economic institutions formed in the colonial period in Latin America; what kind of historic changes did these institutions experience after the independence; and what are the most important impacts on today's Latin America. In an attempt to answer these questions, a more clear and specific definition of "extractive" institutions would be made.

The book followed a historical and vertical study path from Latin America's "being enslaved" in the colonial period to transitory glory after the independence and to today's development dilemma, in which it clearly showed us a picture of the formation and evolution of the extractive economic institutions in this area. At the same time, it compared the three different economic institutions horizontally in the perspective of institutional framework in order for a main reason why Latin America still lagged behind today and tried to put forward suggestions.

The innovation in this book lies in the combined perspective of institution and history in the analysis of Latin American economy. It mainly described the common and essential extractive feature of several economic institutions in the colonial period. Based on that, the book tried to put forward some eliciting suggestions on the improvement of Latin American economy for policy thinking.

Keywords：Latin America; Colony; Economic Institutions; "Extractive" Feature

目　录

导　论

　　"如果我重新开始研究经济学，而在这三门学科（历史、统计和理论）中只许任选一种，那么我就选择经济史。"

——〔美〕约瑟夫·熊彼特①

第一节　问题的提出

　　1492 年，这是一个众所周知的历史性年份。这一年，哥伦布发现了美洲新大陆，西班牙由此开始了对美洲大陆的殖民统治，而此前一向封闭的拉丁美洲②地区开始进入全球视野。西班牙美洲殖民地经历了 16 世纪的形成阶段、17 世纪的发展阶段和 18 世纪的衰落阶段。1535 年，西班牙首先在墨西哥建立新西班牙总督区，1544 ～ 1548 年

---

① 约瑟夫·阿洛伊斯·熊彼特（Joseph Alois Schumpeter，1883 - 1950），美籍奥地利政治经济学家，1901 ～ 1906 年在维也纳大学攻读法学和社会学，1906 年获法学博士学位，后移居美国，一直任教于哈佛大学。本书所引的这句话来自其生前待完成的遗作《经济分析史》，后由其夫人伊丽莎白代为编辑，在这个过程中其夫人也因此积劳成疾而病故。该书英文版首次出版于 1954 年。从这部书中，可以领略到熊彼特是试图把历史的发展和理论的探究融合在一起的，因此他的这部书不是思想史而是分析史，反映了他独特的经济学说体系和颇具特色的分析方法。

② 国际上对拉丁美洲的正式称谓为"拉丁亚美利加洲"，指美国以南美洲地区的通称，本书为叙述方便，统一简称为"拉丁美洲"。

在秘鲁也设立了总督区。到 1609 年，西班牙美洲殖民地北部延伸到格兰德河以北的圣菲，南部延伸到拉普拉塔地区。16 世纪 30 年代，葡萄牙对巴西的征服也已完成。自 18 世纪起，英、法、荷在西、葡美洲殖民地广泛地进行走私贸易。在 1713 年英、西签订《乌特勒支和约》以前，拉美一直是西班牙和葡萄牙的"聚宝盆"。①

从 1492 年至今，拉丁美洲地区已经有 500 余年的历史。而自拉丁美洲被征服之日算起，到 1804 年海地发生独立革命运动从而成为该地区第一个宣布独立的拉美国家，其间 300 余年的时间，是西班牙和葡萄牙殖民主义者对拉丁美洲人民进行奴役和对资源进行掠夺的时期，也是拉丁美洲人民对殖民主义者进行反奴役和反掠夺的艰苦斗争时期，这个历史时期被称为拉丁美洲的殖民地时期。

殖民主义者们踏上这片广袤的土地，并妄图永久征服拉丁美洲，其最终目的即谋得财富，尤其是以王室为首的大封建贵族与大商业资产阶级。在征服的最初阶段，殖民主义者采取极端野蛮粗暴的抢劫方式，大肆攫取一切有价值的东西，尤其是黄金和白银。然而，随着殖民行为的深入，这种直接掠夺的方式，并不能够完全满足西、葡统治阶级和殖民冒险者的贪欲。为了进一步搜刮拉丁美洲的人民和资源，殖民主义者们根据源自母国的高度的中央集权社会和政治制度建立了一套完整的政治、经济、军事、文化和宗教统治机构，由此在美洲殖民地实行了长达 300 余年的殖民统治。②

从历史的角度来看，美洲融入世界经济对于欧洲和美洲大陆均有重要意义。首先，拉美被殖民征服之后进入全球视野，并在独立后一步步走向现代文明。同时，在攫取了拉美地区的大量黄金与白银的基础上，欧洲国家率先走上工业化道路，并一时成为资本主义的先驱

---

① 张森根：《领悟多元视角下的拉丁美洲》，中国社会科学出版社，2015，第 138 ~ 139 页。
② 李春辉：《拉丁美洲国家史稿》上册，商务印书馆，1973，第 64 页。

与富强之国。但是，由于殖民主义者的残酷压迫，美洲土著人口锐减，美洲文明遭到颠覆性破坏；即便在独立之后，拉美地区的经济状况与政治形势也岌岌可危，虽然有过短暂的辉煌，但拉美国家至今仍然处于世界落后国家之列，其现实情况令人担忧。

拉美国家属于首批独立的殖民地国家，比大多数亚洲殖民地国家的独立早了一个多世纪，其中大多数国家于 19 世纪初期就获得了独立。例如，海地 1804 年脱离法国的殖民统治获得独立；乌拉圭作为阿根廷和巴西之间的一个缓冲国成立于 1825 年；多米尼加共和国 1844 年脱离海地的统治获得独立；古巴 1898 年脱离西班牙的殖民统治获得独立；等等。在独立之初，拉丁美洲人和该地区以外的人的一些著述中充满了热情洋溢的言辞和对前程似锦的憧憬，很多人认为摆脱了西、葡两国在本地区的贸易和其他方面的垄断，光明的前景就会来到。当时的生活水准较低，但并不比北美低多少，与中欧的水准持平，比新发现的澳大利亚和新西兰还要高一些。拉丁美洲人民据此确定：独立之后，只要用以开发拉丁美洲广袤的、尚未开发的内地自然资源的资本和熟练劳动力足够多，拉丁美洲这片区域就可以很快地富裕起来。

然而，两个多世纪过去了，这一梦想并未实现。拉丁美洲 20 个国家中没有一个称得上是发达国家。阿根廷，得益于丰富资源基础上的发达畜牧业，曾经堪称世界上最富有的国家之一，但在 20 世纪 60 年代从发达国家变成发展中国家。在庇隆政府（1946～1955）执政期间，阿根廷的经济发展水平可以与同期的加拿大、澳大利亚媲美，甚至比它们更高。但到了 20 世纪 70 年代，阿根廷的人均国内生产总值就大为下降，不仅失去拉丁美洲头把交椅的位置，之后更是一落千丈，成为首批陷入"中等收入陷阱"的国家之一，造就了令人费解的"阿根廷之谜"。

在拉丁美洲国家中，有一些十分富裕的人物，如墨西哥的电信大亨卡洛斯·斯利姆·埃卢，2010 年以 535 亿美元身价位列《福布斯》全球富豪排行榜第一名，之后在 2011 年、2012 年、2013 年蝉联《福布斯》全球富豪排行榜首位。但是，以他为首的这些富豪的存在并不能掩盖拉丁美洲地区最贫穷者所遭受的剥削和苦难。尽管拉丁美洲进入新千年以来在减贫方面做出了巨大贡献，但现在已经远远落后于部分亚洲国家和地区，而这些亚洲国家和地区的生活水准在 19 世纪比拉丁美洲国家要低得多。

在文学、艺术、音乐和大众文化领域，拉丁美洲的成就令全世界赞叹，如世界文学巨著《百年孤独》的作者加西亚·马尔克斯就来自拉美国家——哥伦比亚。这部作品被誉为 20 世纪最重要的经典文学巨著之一，1982 年马尔克斯据此荣获了诺贝尔文学奖。实际上，还有许多这样的著名人物，如爱德华多·加莱亚诺①、何塞·马蒂②，等等。然而，这些也并不能完全遮掩该地区同发达国家经济发展水平差距越来越大这一事实。

世界银行将拉丁美洲地区的海地、洪都拉斯和尼加拉瓜列为"低收入"国家，除此之外的其他拉美国家则全部归入"中等收入"

---

① 爱德华多·加莱亚诺（1940～2015）是拉美著名的小说家、记者和杂文家，他从 14 岁起投身新闻事业，代表作有《火的记忆》和《拉丁美洲：被切开的血管》等。加莱亚诺的作品以对拉美社会的反思和历史批判为主，文风辛辣，在拉美乃至世界有广泛影响力，曾被称作"拉丁美洲的声音"。加莱亚诺最著名的作品《拉丁美洲：被切开的血管》至今已被翻译成 20 多个国家的文字，其英文版曾再版 70 次。笔者在写作过程中，也多次参考了这本书，从这本书中获取灵感，并引用了这本书中的部分内容，特此对这位伟大的作家以及英勇的反殖民地、反资本主义斗士表示深深的敬意。

② 何塞·马蒂（1853～1895）是古巴卓越的诗人、杰出的民族英雄以及伟大的思想家。马蒂在古巴、拉美乃至世界文学史上占有重要位置，被誉为拉美现代主义的开路先锋，他的诗篇《伊斯马埃利约》《纯朴的诗》和《自由的诗》，及其散文《我们的美洲》《美洲我的母亲》《玻利瓦尔》等在拉美脍炙人口。他的卷帙浩瀚的著作中包含着深邃的思想，主张民族独立，其宣扬人人平等、反对帝国主义的思想被写入了古巴共产党党纲和古巴共和国宪法，成为古巴共产党以及国家和社会的指导思想，并对世界各国产生了巨大而深远的影响。

国家。进入新千年以来，得益于外部环境的改善和能源、资源类产品价格的大幅走高，该地区曾经有近十年的辉煌发展繁荣期。但是，2008 年全球金融危机之后，伴随美国逐渐退出量化宽松政策、欧元经济区的疲软态势以及以中国为代表的新兴市场国家的转型与降速平稳发展，特别是能源、资源类产品价格的大幅下跌，拉美各国经济发展几乎全部陷入停滞甚至倒退。以 2015 年数据为例，拉丁美洲的地区性大国巴西当年的 GDP 增长率仅为 -3.7%；此外，该国在 2016 年还上演了总统弹劾闹剧，政坛危机有愈演愈烈之势。拉丁美洲地区的经济发展成就欠佳已经成为公认的事实。

当然，在回顾历史的过程中，拉丁美洲地区的确有自己的突出显著成就。其中一个突出表现就是拉丁美洲地区的城市化程度。拉丁美洲地区的城市化率非常高，已经远远超过了当前许多中等收入国家，甚至还超过了某些发达国家。拉美各国 70% 以上的人口生活在城镇和城市。但是，这种现象导致了这些城市中非正规企业就业率的大幅提升，许多为寻找可靠的、挣钱多的工作而进入城市的劳务工作者面临残酷的就业竞争压力。此外，较高的城市化率还往往伴随与工业国大型集合城市相伴生的城市污染问题以及日益严重的贫民窟问题。

总体而言，尽管拉丁美洲国家大多早早地获得了独立，但至今仍然较为落后。本书由此试图回答一个对拉美地区来说老生常谈的问题，即拉美落后的原因究竟是什么。殖民地时期拉丁美洲的制度给当今拉美留下了深刻的印记。那么，殖民地时期的 300 余年到底对独立后的拉丁美洲造成了怎样的影响？特别是殖民地期间所形成的经济制度有怎样的特征？以及这些特征是如何形成的？以上均是本书期待探讨的主要问题。其他问题，如这些经济制度的形成以及如何演化，均是围绕以上主题的不可或缺部分。

第二节　选题背景与意义

拉丁美洲国家包括南美洲 10 个共和国［3 个圭亚那（圭亚那、苏里南、法属圭亚那）除外］、中美洲 6 个共和国（包括巴拿马，但不包括伯利兹）、墨西哥、古巴、多米尼加和海地，总计 20 个国家。广义上的拉丁美洲则有 33 个独立国家，包括北美国家墨西哥、中美洲 7 个国家、南美洲 12 个国家以及加勒比地区的 13 个国家。在独立国家中，有 18 个西班牙语国家，12 个英语国家，葡语、法语和荷兰语国家各 1 个。[①]

西班牙语是拉美地区的主要语言，而葡萄牙语是巴西的主要语言，源自法语的克雷约尔语则是海地的主要语言。印第安语仍被大量墨西哥人、危地马拉人、厄瓜多尔人、秘鲁人、玻利维亚人和巴拉圭人使用，而英语则是拉美地区许多少数民族的主要语言。

拉丁美洲，最初只有地理意义，系指格兰德河以南所有主要讲一种源自拉丁语的语言（西班牙语、葡萄牙语、法语）的独立国家。[②]就此而言，拉丁美洲各国的共同特征指的是都位于西半球以及具有同一起源的语言。各国之间当然存在诸多的差异，如面积、人口、种族、自然资源、气候，甚至发展水平，等等，但包括地理位置和语言在内的众多因素使各国联成一体这一点非常明显。除此之外，这些国家大多原为西班牙帝国和葡萄牙帝国的属地，具有共同的殖民地经历。这一经历对于这些国家独立后其政治、经济发展走势至关重要，

---

① 〔英〕维克托·布尔默-托马斯：《独立以来拉丁美洲的经济发展》，张凡等译，中国经济出版社，2000，第 2 页。
② 〔英〕维克托·布尔默-托马斯：《独立以来拉丁美洲的经济发展》，张凡等译，中国经济出版社，2000，第 1 页。

也对当今拉丁美洲地区的各种独特现象具有深层次的解释意义。因此，"拉丁美洲"一词不仅是地理上的含义，还包括各种将拉美地区各国联结在一起的共同因素，这些共同因素要比将非洲各国联结在一起或是将亚洲各国、欧洲各国联结在一起的因素多得多。

此外，拉美国家自独立后相当稳定，几乎没有因国界变动、分离或合并而有所增减，该地区没有爆发过大型战争；同时，受两次世界大战的影响亦相当有限。国家的疆界问题虽然往往成为国与国之间冲突的根源，拉美地区国家之间也有至今尚未完全解决的此类问题，但与欧洲、非洲和亚洲国家疆界的变动比起来，拉美地区的疆界在过去 150 年间的变化实际上是非常少的。第一次世界大战后，欧洲经济发生明显衰退，而拉美地区的国家中有很多还是欧洲的殖民地，它们使用欧洲的语言、货币、商品等等，因此在那时，很多国家也陷入了经济困难的境地，人民生活水平大大降低。二战时期，美国在"共同防御"的旗号下，利用当时反法西斯战争的国际形势和国际关系，从政治、经济、军事各方面，对拉丁美洲进行全面控制，排挤其他帝国主义列强在拉丁美洲的势力。① 拉丁美洲国家向同盟国提供大量战略物资，向美国提供用于反法西斯战争的海、空军基地，此后便成为美国的"后院"。

独立后第一个世纪的大部分时间里，拉丁美洲各国均遵循了一种基于出口初级产品的出口导向增长政策。从 19 世纪 20 年代开始，拉美国家相继独立后，其国民经济和对外贸易摆脱了原宗主国的绝对控制，有了相对的自主权。拉美国家继续以开发自然资源为主要经济活动，输出少数几种主要初级产品，进行国际贸易，这成为拉美国家发展民族经济、进行资本原始积累的选择。在 19 世纪下半叶到 20 世纪 30 年代，阿根廷在人均实际收入方面得以跻身世界 12 个最富裕

① 方幼封：《第二次世界大战中的拉丁美洲国家》，《军事历史研究》1992 年第 3 期。

国家行列，是当时贸易全球化的最大受益者之一，称其为"全球化的宠儿"实至名归。20 世纪 30 年代至 80 年代初，受到世界经济大萧条的影响，一些拉美国家，主要是一些大国，如巴西、墨西哥等，从出口导向增长转向基于进口替代工业化的内向型发展。在此期间，拉美国家采取各种措施，尽可能利用本国的劳动力、原材料和技术，生产本国市场所需要的产品，通过贸易保护政策限制外国工业品进口，逐渐在国内市场上以拉美本国产品替代进口品，为本国民族工业发展创造有利条件。巴西、阿根廷、墨西哥等国由此进入了新兴工业国的行列，大多数国家的经济结构发生了较为深刻的变化。然而，20世纪 70 年代后期，为解决资金不足的问题，不少拉美国家开始实行负债发展经济战略，即过分依靠举借外债来发展本国经济，最终导致了 1982 年拉美债务危机的全面爆发。为应对此次严重的拉美债务危机，拉美国家此时纷纷采纳了由以美国为首的西方国家所开的"新自由主义"药方——华盛顿共识，即自由化、市场化和私有化改革。此后，新自由主义思潮及其经济改革理念逐渐主导了拉美决策阶层和理论界。到 90 年代初，拉丁美洲进入一个以出口导向增长为特征的新自由主义时代。然而，新自由主义毕竟不是包治百病的灵丹妙药，其所推崇的国有企业私有化使一些国家私人资本和外国资本的生产集中不断加强，国有资产流失加剧，失业问题更为严重；收入分配不公和社会分化加剧，贫困人口增加；经济快速自由化和外向化也进一步加深了拉美各国国民经济和金融体系的脆弱性。[①]

可见，在独立后的 200 年间，虽然拉丁美洲地区以农村为主的经济结构已被以城市为主的经济结构取代，制造业和服务业发展迅速，制造的产品已不仅仅是初级产品，教育领域和选举制度也有所变革，

---

① 中国社会科学院拉丁美洲研究所课题组：《拉美国家发展模式的变革与影响》，《当代世界与社会主义》2011 年第 2 期。

但拉美经济却一直没有摆脱脆弱性，国家经济权力机构中的社会特权阶级仍然拥有维护自身利益的强大机能。其结果是：拉丁美洲从殖民统治下争得自由后的 200 年时间里，至今还没有一个国家达到发达国家水平，尽管阿根廷曾经跻身世界上最富裕的国家行列，巴西仍是目前众人瞩目的新兴经济体金砖五国之一，但是事实上这些国家的经济增长速度已经大大放慢甚至停滞。拉丁美洲国家与发达国家生活水平的差距在不断扩大，在中等收入国家行列中的拉美国家的位置也不算稳固，更别说还有如洪都拉斯、萨尔瓦多这类的世界最不发达国家。

　　拉美落后的原因，尽管应该承认外部约束的重要性，但是外部影响对拉美地区并不总是不利的。例如，21 世纪的头 10 年，一些新兴市场经济国家，对能源等自然资源类产品的大量需求就推动了拉美发展的“黄金十年”（2003～2013）。各种传统的经济理论如依附论以及新自由主义理论也无法全面解释拉美的落后。本书依据哲学理论的最基本观点，即尽管外因很重要，但内因是决定事物发展的本质原因，从拉美地区内部寻找其落后原因。

　　拉丁美洲距离中国十分遥远，属于开发较早的发展中地区。与中国同美国、日本、欧洲以及东南亚国家的关系相比较，拉丁美洲在中国对外关系中并不占有十分重要的地位。但是，21 世纪以来，伴随中国综合国力的上升以及对能源类产品的大量需求，中国同拉丁美洲地区的经贸往来与日俱增。2003～2013 年是中拉交往的黄金期。在这个时期，中拉贸易额获得大幅度攀升，贸易总额从 2003 年的 276 亿美元升至 2013 年的 2330 亿美元，增长 7 倍多。2014 年以来，尽管在贸易和投资方面的资金往来有所减少，但是中国政府仍重视同拉丁美洲地区的外交关系。2013～2014 年，中国国家主席习近平连续两次到访拉美，与拉美国家达成许多重要协议及声明，尤其是 2014 年 7 月习近平主席访问拉美四国时提出了“1＋3＋6”的合作新框架，表明中拉整体合作将成为未来中拉合作的新图景，中拉经贸合作有望迎来新一轮高潮。① 随着中国综合国力和经济实力的上升，中国从 20 世纪 60 年代开始重视对拉丁美洲的了解，中拉经贸合作则始于 20 世纪 70 年代。1972 年尼克松访华使紧张对立的中美关系得到缓和，此后中国与拉美国家的关系便步入良性发展阶段。2001 年中国加入世界贸易组织以来，中拉经贸关系逐步形成了优势互补、互利共赢的全方位与快速发展新格局。② 目前，中国是拉美第二大贸易伙伴国和第三大投资来源国，贸易、投资和金融合作构成中拉经贸合作的三大引擎。然而，虽然在客观上对这些国家的政治与经济有所了解，但往往是"抽象的概念多于具体的知识，模糊的印象多于确切的体验"。③

根据以上背景，本书旨在通过对拉丁美洲殖民地时期所形成的某些重要经济制度进行全面剖析与阐释，分析拉丁美洲国家主要经济制度的基本特征与演化路径，并在此基础上试图重新审视当今主要拉丁美洲国家的制度变革趋势与未来发展方向。

第三节　研究思路与方法

本书的分析遵循道格拉斯·C. 诺斯有关制度构成以及演化的基本思路，采用历史与制度相结合的基本视角，试图在制度框架与历史语境中寻找拉美经济落后的根本原因。诺斯曾说："将制度整合到经济理论与经济史的分析中去，是改进二者最重要的步骤之一。"④

---

① 毕晶：《中拉经贸合作的现状、前景展望和政策思考》，《国际贸易》2015 年第 3 期。
② 毕晶：《中拉经贸合作的现状、前景展望和政策思考》，《国际贸易》2015 年第 3 期。
③ 〔英〕莱斯利·贝瑟尔主编《剑桥拉丁美洲史》，中国社会科学院拉丁美洲研究所组译，社会科学文献出版社，1991，"前言"，第 1 页。
④ 〔美〕道格拉斯·C. 诺斯：《制度、制度变迁与经济绩效》，杭行译，格致出版社、上海三联书店、上海人民出版社，2014，"前言"，第 1 页。

阿西莫格鲁和罗宾逊在《国家为什么会失败》一书中提出的问题是：为什么看上去相似的国家，其经济发展状况和政治发展状况却不同。书中给出了肯定的答案：这个导致不同发展结果的因素就是制度。该书列举了大量的史实，均表明：制度发展（有时候是建立在非常偶然环境的基础上）会产生不同的结果。社会的开放程度、允许创造性破坏的意愿和法治环境似乎都对经济发展有决定性作用。他们并没有对包容型以及榨取型制度的概念进行界定，而是借用历史上不同国家或地区的政治经济制度进行了描述性说明。例如，书中说光荣革命前的英国，大革命前的法国，殖民地时期的北美、南美、非洲，以及亚洲都采取过榨取型政治制度和榨取型经济制度。然后从政治角度描述榨取性，即人民或者说广大公众没有决策权或表决权，既没有选择当权者或统治者的权利，也没有选择政治制度或经济制度的权利，当权者或者统治者要么是世袭的，要么通过革命由军阀或军人担任，精英人物或者既得利益者在制度的选择或政策制定中起着重要作用，结果所选择的制度或者制定出来的政策成为一部分人剥削另一部分人的工具；从经济上说，所有的经济制度或者经济政策都是由当权者、统治者或者精英人物制定出来的，他们通过各种垄断权、专卖权、市场控制等剥削生产者，使生产者只能够得到所生产产品的一少部分甚至得不到所生产的产品，结果就是生产性激励的不足。① 接着，该书描述了历史上许多国家通过革命建立起的包容型政治制度和包容型经济制度，并说明现在大多数发达国家采取的就是包容型的政治制度和经济制度，如美国、英国、法国、日本、韩国、澳大利亚等。从政治制度角度而言，包容性强调人民或者说广大群众具有政治权利，能够参与政治活动，选

---

① 〔美〕德隆·阿西莫格鲁、〔美〕詹姆斯·A.罗宾逊：《国家为什么会失败》，李增刚译，湖南科学技术出版社，2015，"引言"，第Ⅳ页。

举领导人或当权者，选举政策制定者，领导人或当权者是人民或者选民的代理人而不是统治者，任何人都有成为领导人、当权者或政策制定者的机会或可能；从经济上讲，则是强调自由进入和竞争，任何人都没有通过垄断、专卖或者市场控制获得超额利润的机会，人们都可以获得生产性收益的绝大部分或者全部，人们具有很高的生产性激励。[①]

本书的研究采取定性分析与定量分析相结合的方法。定性分析主要侧重于对拉美"榨取型"经济制度的刻画与阐释，特别是对殖民地时期所形成的经济制度的背景与特征的深度分析，具有较强的概括性；定量分析作为定性分析的补充，则是为了进一步说明"榨取型"经济制度的基本特征与表现形式，从数据形式上给予所研究问题检验与肯定。通过定性与定量这两种方法的综合运用，期望对书中所研究的问题有一个全面和系统的把握以及推进。

第四节　本书结构与内容

除了导论与结语部分，全书共分为 5 章。各章内容分别简述如下。

第一章：分析框架与文献综述。制度框架和历史视角是本书展开分析的基本逻辑脉络。拉美殖民地时期的 300 余年，历史悠久，全面把握其经济制度的形成及其演化，只能算作开篇尝试。与此同时，以刻画"榨取型"经济制度特征为分析角度，尚属首次，期望可以作为今后继续分析其他制度的基本出发点。

第二章：土地制度。长期以来，大地产制一直是拉美土地制度的

---

① 〔美〕德隆·阿西莫格鲁、〔美〕詹姆斯·A. 罗宾逊：《国家为什么会失败》，李增刚译，湖南科学技术出版社，2015，"引言"，第Ⅳ页。

主要特征，在拉美历史上占有极其重要的地位，对拉美经济、政治和社会文化的发展造成深远影响。本章旨在通过对殖民地时期新西班牙总督区（今墨西哥）大庄园制以及巴西的大种植园制度进行剖析，在拉美土地制度的起源、形成及其经济结构和发展趋势等方面做出较完整的阐释。

第三章：劳工制度。拉美殖民地时期的劳工制度共经历了印第安人奴隶制（之后为黑人奴隶制）、委托监护制、劳役分派制以及债役农制等几种主要形式。西班牙美洲殖民地地域辽阔，情况复杂，即使在同一地区，委托监护制、劳役分派制和债役农制这三种制度作为奴役印第安人的基本形式，常常同时存在、相互并用。作为同土地制度相结合而存在的另一种主要经济制度，劳工制度从委托监护制向劳役分派制再向债役农制的转变，反映了西班牙美洲劳动制度演化的典型模式。

第四章：贸易制度。1500～1770 年是资本主义积累和发展的第一个阶段，即重商主义阶段。在这个阶段，拉美的贸易制度理所当然地秉承了其宗主国西班牙所奉行的重商主义。相较而言，贸易制度是这个时期"榨取型"特征表现得最为明显的一种经济制度。西班牙和葡萄牙通过在这一时期对拉美地区的贸易赢利，特别是对黄金、白银的大量攫取与占有，使得欧洲最终在 19 世纪成为全球经济中心，而与此同时却将拉美地区"永久地"拖入依附性经济发展的轨道。

第五章：拉美殖民地时期的经济制度对当代拉美的主要影响。在"榨取型"制度的影响下，当今拉美充满了普遍的经济发展落后现象、严重的经济结构失衡现象、典型的社会不公平与不平等现象以及突出的腐败现象。本书将以上四点暂且归纳为拉美殖民地时期"榨取型"经济制度对当今拉美的主要影响。

第五节　创新点与不足

本书的创新点在于从制度和历史的视角全新地阐释拉丁美洲经济，并将殖民地时期的经济制度作为主要分析对象，重点刻画其"榨取型"特征的本质，以期对拉丁美洲的经济史研究做好基础性的铺垫和前期展开工作。在对拉美殖民地时期经济制度做"榨取型"特征分析的基础上，还首次具体而明确界定了"榨取型"经济制度的概念，这是站在前人研究基础上的一个大胆尝试。

关于该时期各种经济制度的形成及其演化，本书只是选取了其中最主要的三种，即土地制度、劳工制度以及贸易制度，而如税收制度、财政制度等其他制度也在拉美历史上占有十分重要的地位，且"榨取型"特征的表现有可能会更为突出。鉴于笔者精力和时间的限制，本书的研究只能算作探究拉美殖民地时期"榨取型"经济制度的初步尝试，今后可在条件允许的情况下对该问题继续展开更大范围和更深层次的分析与挖掘。

第一章
分析框架与文献综述

"制度与历史的结合，比之其他方式，将能使我们讲出一个更好的故事。"

——〔美〕道格拉斯·C. 诺斯①

第一节　引言

　　制度，提供基本的结构。在整个人类历史上，人们通过这个基本的结构来创造秩序并减少交换中的不确定性。它与所采用的技术一起，决定了交易费用和转型成本，进而决定着从事经济活动获利的可能性与可知性。制度将过去、现在与未来连接在一起，而历史在很大程度上就是一个渐进的制度演化过程。

　　历史，无比重要。种种社会制度把过去、现在与未来联结在了一

---

① 道格拉斯·C. 诺斯（Douglass C. North, 1920–2015），出生于美国马萨诸塞州，1942年、1952 年先后获加利福尼亚大学学士学位和哲学博士学位，是 1993 年诺贝尔经济学奖获得者、新制度经济学派的代表人物。本书完全地遵从了这位制度经济学大师所奠基的关于制度的重要作用及用制度来分析问题的思路框架，特此向这位伟大的制度经济学家表示深深的敬意与无尽的感激，真诚感谢这位大师让笔者走上一个新奇且令人无限向往的围绕"制度"所进行的科学研究之路。

起。现在和未来的选择是由过去所型塑的，并且只有在制度演化的历史话语中，人们才能理解过去。而历史之所以关键，是因为历史过程通过转变制度创造出了关键时刻可能起决定作用的差异。[①] 关键时刻本身就是历史的转折点。恶性循环和良性循环意味着，要理解历史形成的制度差异就必须首先研究历史。

那么，制度是如何形成以及演化的呢？对这个问题的回答，即使是在不考虑历史因素的情况下，也是相当复杂的。若是历史地加以考虑，则更为复杂。因为，历史是从更早的历史中衍生而来的。历史的路径依赖模式，在某些情况下可以产生出不再演化的稳定的交换模式，而在另一些情况下，则导致动态变迁的发生。依据诺斯在《制度、制度变迁与经济绩效》中的观点："当前的政治、经济和军事组织的形式以及其最大化的取向，是从制度结构所提供的机会集合中衍生出来的，同时，制度结构本身也在渐进地演化。"[②] 制度，可被视为理解历史的关键。制度在社会中的主要作用，是通过建立一个人们互动的稳定结构来减少不确定性的。然而，制度的稳定性丝毫不否定它们处于变迁之中这一事实。从惯例、行为准则、行为规范到成文法、普通法，以及个人之间的契约，制度总是处在演化之中，因而也在不断改变着对人们来说是可能的选择。制度变迁是一个复杂的过程，这是由于制度变迁在边际上可能是一系列规则、正式约束、实施的形式及有效性变迁的结果。此外，制度变迁一般是渐进的，而非不连续的，这主要源于非正式约束的嵌入，由此，即便是非连续的变迁也绝不可能是完全不连续的。

沿着既定的渐进性路径，不管是经济、政治，还是个人的选择，

---

① 〔美〕德隆·阿西莫格鲁、〔美〕詹姆斯·A. 罗宾逊：《国家为什么会失败》，李增刚译，湖南科学技术出版社，2015，第 317 页。

② 〔美〕道格拉斯·C. 诺斯：《制度、制度变迁与经济绩效》，杭行译，格致出版社、上海三联书店、上海人民出版社，2014，第 14 页。

都可能进入良性循环的轨道，迅速优化。与此同时，也可能顺着原来错误的路径继续往下滑，甚至被"锁定"在某种无效率的状态下而导致停滞，而这些选择一旦进入"锁定"状态，想要脱身就会变得十分困难。

第二节　分析框架

拉丁美洲殖民地时期所形成的制度性质是理解拉美历史的关键所在。为了更好地阐释拉美殖民地时期的历史，从当时的宗主国西班牙和葡萄牙这两个高度封建主义中央集权的国家所诞生出来的一整套以最大限度榨取美洲殖民地人民和资源为目的的殖民统治制度是本书的重点研究对象。为了不至于落入"面面俱到"同时又"浅尝辄止"的窠臼，本书的研究重点围绕拉美殖民地时期所形成的经济制度展开。

基于以上出发点，以及受制度经济学家道格拉斯·C.诺斯观点启发，本书遵循诺斯有关制度定义与构成及其由此所产生的路径依赖的分析思路，在深入分析拉美殖民地时期所形成的主要经济制度基础上，重点分析其"榨取型"特征的共同表现形式及其影响，并试图对"榨取型"经济制度做出更为明确和具体的概念化界定。

一　制度定义

按照诺斯的观点，制度是一个社会的博弈规则。确切地说，制度是一些人为设计的、型塑人们互动关系的约束。制度通过为人们提供日常生活的规则来减少不确定性，用经济学术语来讲，即制度界定并限制了人们的选择集合，并在此框架内构造了人们在政治、社会或经济领域里交换的激励。

制度可以是由人们创造出来的（例如规则和法律），也可以仅仅是随着时间推移而演化出来的（例如习惯、准则、伦理规范等）。正如诺斯所言，他对正式规则（如人为设计的规则）和非正式约束（如惯例）与行为准则均感兴趣。[①] 由于制度是一种人类在其中可以相互交往的框架，因此制度在社会中的主要作用，就是通过建立一个人们互动的稳定性结构来减少不确定性。在诺斯看来，制度的主要功能就在于以内部和外部两种强制力来进行约束，防止交易中的机会主义，减少交易后果的不确定性，以帮助交易主体实现预期目标，从而减少交易费用。

综上所述，诺斯对制度所下的定义为：制度是社会的游戏规则，或更规范地说，它是为决定人们的关系而人为设置的制约，包括正式规则和非正式约束以及约束的实施特性。[②]

二 制度构成

由制度的定义可知，制度实质上以制度矩阵的形式存在。制度矩阵由正式规则与非正式约束构成。制度矩阵将经济体引入了不同的路径。在制度矩阵的内部，正式规则与非正式约束之间构成了复杂而又相互依存的网络，并由此产生了路径依赖的报酬递增特征。制度演化便是由上述的正式规则与非正式约束之间的互动所形成的，几乎所有的制度演化均处于路径依赖的基础之上，对本书要深入探讨的拉美国家来说，当然也不例外。

（一）正式规则

正式规则包括政治（和司法）规则、经济规则和契约。[③] 正是这

---

① 〔美〕道格拉斯·C.诺斯：《制度、制度变迁与经济绩效》，杭行译，格致出版社、上海三联书店、上海人民出版社，2014，第4页。

② 〔美〕道格拉斯·C.诺斯：《制度、制度变迁与经济绩效》，杭行译，格致出版社、上海三联书店、上海人民出版社，2014，第3~11页。

③ 〔美〕道格拉斯·C.诺斯：《制度、制度变迁与经济绩效》，杭行译，格致出版社、上海三联书店、上海人民出版社，2014，第56页。

些不同层次的规则界定了约束，从一般性规则至特别的界定，均是如此。政治规则广泛地界定了政治的科层结构，包括其基本的决策结构、日常程序控制的外部特征。经济规则界定产权，其中包括对财产的使用、从财产中获取收入，以及让渡一种资产或资源的一系列权利。契约则包含了专属于交换的某个特定合约的条款。

在决策各方的初始谈判能力已经确定的情况下，规则的功能在于使交换便利地进行。现存的权利结构及其实施特征界定了参与者可能的财富最大化的机会，而这些机会则需要通过一个经济或政治的交换来实现。此外，在相对谈判能力确定的情况下，经济或政治利益分歧的程度，影响着规则的结构。事实上，利益越是多样，简单多数规则（特别是在政治上）就越是难以奏效，并且交换也越是倾向于采用那些能使复杂形式的交换得以便利进行的结构，或通常采用通过联盟来解决问题的其他方式。当然，这里必须重点提及的一点是：正式规则的功能在于促进某些特定类型的交换，而并非所有的交换。因此，规则的设计，其目的是提升私人福利，而不是社会福利。更贴切地说，规则来源于自利。

一般来说，现行的政治规则决定经济规则，尽管这种因果关系也是双向的。换言之，产权以及由此产生的个人契约是由政治决策过程界定并实施的，而经济利益结构也会对政治结构产生影响。在均衡状态下，一个既定的产权结构（及其实施）将与另一套特定的政治规则（及其实施）相一致，其中一个变化，将导致另一个变化。政治从只有单个、绝对的统治者到民主政府的演化，提高了政治效率。这是因为，民主政府使民众能越来越多地参与到政治决策的过程中，它也剥夺了统治者任意敛财的权力，并且建立起一个独立的司法机构来作为合同实施的第三方，其结果当然是向更高的政治效率迈进了。但是，有效率的政治市场与有效率的经济市场的含义是不相同的。有效率的经济市场通常意味着激烈的竞争，通过套利与信息反馈，这种市场几乎接近于科斯①的零交易成本状态。然而，这种市场在经济世界里尚且比较少见，在政治世界里则几乎不可能存在。更接近真实情况的是，政治市场的高额交易费用以及行为人的主观感知因素，似乎更容易产生那些无法引致经济成长的产权，而随之产生的组织则可能根本没有创造出一些更具生产性的经济规则的动力。

规则是自上而下的，从政治到产权，再到个人契约。契约反映了内置于产权结构以及实施特征中的"激励—非激励"结构，故而，参与者的机会集合以及在特定契约中所创设的组织形式，也都来源于产权结构。由于现代复杂经济中的契约是多层面的，不仅是指物理特征方面，还包括交换的产权特征等，所以契约就必须做到事无巨细、面面俱到。这同时也意味着：契约通常不可能是完全的。在契约的存续期内存在太多的不确定性，这使得订立契约的双方必须审慎地通过法庭或某个第三方来处理发生在合同期内的各种争端。

尽管明确的规则能提供检验在不同条件下经济绩效的实证数据的基本来源，但这些规则与经济绩效之间事实上并不存在严格的一一对应关系，也就是说，由非正式规则、规则和事实特征所组成的混合体才将共同决定选择集合的最终结果。

（二）非正式约束

尽管绝大多数非正式约束并不能被详述，且对其进行无争议的

---

① 罗纳德·哈里·科斯（Ronald H. Coase, 1910–2013），新制度经济学的鼻祖，美国芝加哥大学教授、芝加哥经济学派代表人物之一，1991 年诺贝尔经济学奖的获得者。科斯对经济学的贡献主要体现在他的两篇代表作《企业的性质》和《社会成本问题》之中。著名的"科斯定理"即以他的名字命名，其主要观点是：只要财产权是明确的，并且交易成本为零或者很小，那么无论在开始时将财产权赋予谁，市场均衡的最终结果都是有效率的，都能实现资源配置的帕雷托最优。

显著性检验也是特别困难的事，^① 但是它们却是十分重要的，其主要作用是修改、补充或扩展正式规则。非正式约束来自社会传递的信息，并且是我们所谓文化传承的一部分。文化渗透具有连续性，以至于以往那些解决交换问题的非正式方式被带到了现在；并且，这些非正式约束还成为长期社会变迁连续性的重要来源。^② 非正式约束的出现是为了协调重复进行的人类互动，它们是正式规则的延伸、阐释和修正，由社会制裁约束的行为规范，以及内部实施的行动标准。

非正式约束的产生和存续基础被这类约束视为解决协调问题的惯例："这是些从未经过精心设计，但遵守它们对每个人都有利的一些规则。"^③ "惯例的最重要特征是：在交换成本给定的情况下，衡量成本被降到最低，这对交换双方都是有利的，而且，交换能够自我实施。"^④ 在没有国家和正式规则的情况下，稠密的社会网络使得非正式结构能大体稳定地发展。在此，本书亦引用诺斯在《制度、制度变迁与经济绩效》中引用的伊丽莎白·科尔森所讲过的原话：

> 不论我们将它们称作什么：习俗、法律、习惯，还是规范的规则，这似乎并不重要。重要的是，像汤加这样的社群，就不允许其成员自行其道，或者去探索其他行为的各种可能路径。他们凭借一套规则或标准来运行，这些规则或标准界定了在各种不同情况下的适宜行为。总的来说，这些规则的运行是为了避免利益冲突，

---

① 〔美〕道格拉斯·C.诺斯：《制度、制度变迁与经济绩效》，杭行译，格致出版社、上海三联书店、上海人民出版社，2014，第43页。
② 〔美〕道格拉斯·C.诺斯：《制度、制度变迁与经济绩效》，杭行译，格致出版社、上海三联书店、上海人民出版社，2014，第44页。
③ 〔美〕道格拉斯·C.诺斯：《制度、制度变迁与经济绩效》，杭行译，格致出版社、上海三联书店、上海人民出版社，2014，第49页。
④ 〔美〕道格拉斯·C.诺斯：《制度、制度变迁与经济绩效》，杭行译，格致出版社、上海三联书店、上海人民出版社，2014，第49~50页。

而其方法则是：界定个人对其他特定成员的合理期望。其良性效应是：要求受到了限制，并且可以让公众来评判其行为表现……

然而在另一个层面上，他们又将冲突看成是社会生活中的寻常事，因为对于生活在邻近地带的人们来说，他们使用的是相同的空间，希望从同一批人那里得到支持与关注。规则——尽管在某些时候会带来冲突——减少了冲突的机会，因为它们用明确的界定来代替普遍性的权利和义务，从而减少了含混不清的事物的数量。它使人们有可能利用一系列被视为合法的优先权来给生活以秩序……在汤加社群中的经历迫使我了解到，不能想送礼就送礼，因为这对于所有那些没有得到礼物的人来说，是一种侮辱。规则不能解决所有问题，它们只是简化了生活。

规则还为组织活动提供了框架。若要在一个社群内形成社会控制系统，则社会制裁使用上的一些标准和手段就是规则的必要补充。在像汤加这样的社会里，旁观者根据每个特定角色的行事标准，来对个人做出总体评价。这反过来也使他们能预期其未来的行为。评判是一个不断延续的过程，通过这个过程，人们最终能达成一致的意见。①

此外，比起使财富最大化的非正式约束，那些能改变行为的内部实施的行动准则更难从理论上加以处理。困难之处就在于：需要建立一个模型，来预测个人在财富与其他价值之间的取舍。不过，强烈的宗教信仰等例子，已为我们提供了个人为其信仰而甘愿牺牲的历史证据。由于人类行为的复杂性，动机远比简单的期望效用模型复杂。因此，心智处理信息的方式不仅是制度存在的基础，也是理解非正式

---

① 〔美〕道格拉斯·C. 诺斯：《制度、制度变迁与经济绩效》，杭行译，格致出版社、上海三联书店、上海人民出版社，2014，第46~47页。

约束在长期或短期的社会演化中对选择集合的形成产生重要影响的
关键。在短期内，文化限定了个人处理和利用信息的方式，因而可能
影响到对非正式约束的理解。而长期则意味着：对包含在非正式约束
中的信息进行文化处理，它在制度的渐进演化方面起着重要的作用，
从而成为路径依赖的根源。

正式制度与非正式制度之间有着重要的实质性区别。当权者只
需大笔一挥，正式制度就可以被确立、取消或者改变。正因如此，它
们往往会成为国家政策随意操纵的对象。相反，非正式制度则反映了
一种内在社会习惯。这种习惯难以被察觉和衡量，而且也难以被由国
家政策所提供的常见杠杆操纵。比如，批准某些规章和条款是最高法
院的司法职责之一，但是如果政治家们习惯于不去遵守这些规章和
条款，那么他们实际上就离开传统国家政策的约束范围了。据此，部
分学者认为，非正式制度的重要性超过了正式制度。塞缪尔·亨廷顿
就是上述学者中的一个，他一直坚信文化在塑造政治结果的过程中
发挥着核心作用。比如，他曾经在自己的一部著作当中强调了文化在
塑造美国的国家特征以及随后的美国式民主过程中的重要作用："倘
若 17 世纪和 18 世纪来这里定居的不是英国新教徒，而是法国、西班
牙或葡萄牙的天主教徒，美国会是今天的美国吗？肯定不是。那样就
不会是美国，而会是魁北克、墨西哥或巴西。"[①]

（三）实施路径

许多有关交易费用的文献将实施当作一个既定的条件，并将其假
设为完美的或是不完美的。实际上，上述两种情况都很罕见。实施机
制的结构，以及其不完美的频率与严重程度，是影响交易费用与契约

① 〔美〕弗朗西斯·福山编著《落后之源——诠释拉美和美国的发展鸿沟》，刘伟译，中
信出版集团，2015，第 197 页。

形式的重要因素。实施得不完美通常有两个原因。其中一个是有关构成契约绩效的多种因素所需支付的成本不同，另一个则基于如下事实，即实施是由代理人执行的，因而他们自身的效用函数会影响到实施结果。正如诺斯所言：一个社会不能发展出有效的、低成本的契约实施机制，乃是导致历史上的停滞以及当今第三世界不发达的重要原因。

通常而言，只要信守契约对双方来说都更为有利，契约就能自我实施。最常见的契约能自我实施的状态是：交换双方相当了解，且进行重复交易。[①] 然而，在一个纯粹的非人际关系化交换的世界里，物品、服务或代理人的表现由多种有价值的属性组成。交换经年累月地发生，并且不存在重复交易。在衡量成本高且没有可能的实施方式的财富最大化语境中，欺诈和背信所带来的收益将大于合作行为的收益。因此，由于缺乏有效的第三方实施非人际关系化交换陷入了困境。这种情况，在第三世界国家中尤其常见。

依据博弈论的演化过程，在极其简化的条件下，当双方拥有完全的信息，博弈是无限延续的且对手相同时，自我实施的合作解就可以达到。但是，这些假设条件过于严苛，在现实世界中不可能出现。更为常见的情况是：在非人际关系化交换的情况下，我们与多人交易且对他们的相关信息知之甚少。而且，在许多情况下，交换是"一锤子买卖"，根本不会重复进行。因此，在信息不完全的情况下，某种形式的第三方实施必不可少。

对于从事非人际关系化交换的经济体来说，如何进行第三方实施存在很大的困难。即便在最发达的国家里，一些政治团体通过改变价格水平或改变那些影响个人福利的规则来改变双方财富分配的情况依然存在。在第三世界国家，这种情况就更为常见，实施变得更加

---

① 〔美〕道格拉斯·C. 诺斯：《制度、制度变迁与经济绩效》，杭行译，格致出版社、上海三联书店、上海人民出版社，2014，第66页。

不确定，影响结果的因素除了法律，还有私人交易，不仅法律条例本身存在疑义，代理人的行为也存在许多不确定性。因此，对于广大发展中国家来说，创造出一个有效的实施以及一个行为的道德约束系统的过程则更加缓慢。

（四）小结

综上所述，由于构成稳定选择理论基础的是包括正式规则与非正式约束以及各种实施在内的综合因素，正式规则或其实施的变迁将导致一个非均衡状态的出现。其中任何一种制度约束的变化都将改变交易费用，并能产生出力量来推动新惯例或规范的演化，从而有效地解决新出现的问题。在正式规则发生变化后，一个新的非正式均衡将逐渐地演化出来。一般而言，演化而成的、作为正式规则之补充的规范，即非正式约束，在稳定时期将持续存在，而在变化时期，则会被新的正式规则推翻。实施的变迁同样为当事人提供了赢利的新渠道，而这又反过来改变着制度变迁的方向。事实上，主观偏好在那些使我们表达信念的成本为零或很小的正式制度约束中占据着中心地位；观念、有组织的意识形态，甚至是宗教狂热，都在型塑社会与经济体系中发挥着重要作用。

三 路径依赖

探讨路径依赖问题的开篇之作，应是保罗·A. 戴维（Paul A. David）的《克利俄与键盘经济学》①。这篇论文试图解释打字机键盘上的 QWERTY 字母排列是怎么被标准化并固定下来的，此外到底发

---

① Paul A. David, "Clio and the Economics of QWERTY", *The American Economic Review*, Vol. 75, No. 2, Papers and Proceedings of the Ninety-Seventh Annual Meeting of the American Economic Association, 1985, pp. 332 – 337.

生了哪些偶然事件，才使得它即使面对其他一些更有效率的安排方式时还依然能固定地保持下来。这篇文章所试图传达的重要信息有两点：其一是经济现象与其他社会现象一样，都会受到历史路径的影响，"历史的偶然"是不可忽略的；其二是由系统的规模经济以及"准不可逆性"所导致的"锁入"现象说明历史过程会有长久的影响力。实际上，这类技术上的异常情况并不鲜见，如窄轨铁路的延续、交流电战胜直流电、汽油车淘汰了蒸汽车等等。这些例子通常被用来说明这样一个奇怪的事实：尽管技术的更新日新月异，人们也据此认为更有效率的技术会取代之前的旧技术，但实际上被淘汰的往往是更有效率的新技术。古往今来，在我们身边，许多实质上更没有效率的技术仍然保存至今，而取代了本可以更有效率的技术。这种现象的产生，被称为"路径依赖"。

根据皮尔森和马奥尼等学者的观点，路径依赖现象对制度分析具有如下意义。

第一，时间点和顺序对分析社会现象具有十分重要的意义。只要存在报酬递增和路径依赖现象，早期事件比后期事件在影响力方面显得更为重要，因此有可能出现本来可以产生更大效力的事件，由于发生在后期而未取得任何效力的情况。所以在具有路径依赖的情况下，重要的不是发生何种事件，而是何时发生，即事件发生的顺序。也就是说，即使是同一事件，根据发生的时间顺序其影响力也具有巨大的差异。但这里的历史指的并不只是单纯的过去，而是事件的历史展开过程。

第二，偶然的事件有可能导致重大结果的产生。不是只有重大事件才会引发重大结果，在产生报酬递增和路径依赖现象的情况下，偶然的历史事件也有可能带来重大结果。

第三，初始事件比后期发生的事件对最终结果产生的影响更大。路径一旦确定就会具有惯性，进而发生历史的"锁定"现象。不过，路径依赖并不会由于历史的"锁定"而完全忽视改变路径的可能性，它只意味着随着时间的推移很难脱离现有的发展路径。

然而，以上观点虽然对重大路径和重大转折点进行了解释，但是它并不能解释重大转折点本身是如何出现的。[①] 当然，对此问题的关注也并不是本书的研究目的。本书的研究重点在于：路径依赖意味着历史是重要的。不去追溯制度的渐进性演化过程，就无法理解今日的选择，以及界定其在解释经济绩效的模型中的地位。因此，要理解当今拉美的落后根源，就必须探究造成其落后状态的制度根源及其演化过程。正如诺斯所言：对于探寻路径依赖的含义这一严肃的任务来说，我们才刚刚起步。[②]

此外，技术变迁与制度变迁是社会与经济演化的关键，这二者都呈现路径依赖的特征。它们的确有许多相似的地方，报酬递增是这二者的基本要素。但行为人的观念在制度中所发挥的作用，要比其在技术变迁中所发挥的作用更为重要，因为意识形态信念影响着决定选择的主观构念模型。由于正式规则与非正式约束之间有着复杂的相互联系，因而处于制度环境中的选择是复杂的。这样，"锁入"与路径依赖特征在制度上要比在技术上表现得更为复杂。政治与经济之间的互动，众多在影响制度变迁方面有不同谈判力量的行为人，以及导致许多非正式约束得以驻存的文化传统，都加剧了这种复杂性。由此，制度的变迁将比技术的变迁存在更多路径依赖的可能性与现实性，也就注定了制度变迁将更为复杂。

长期的经济变迁是政治或经济的企业家无数短期决策的积累性结果，这些决策直接地或间接地（通过外部效应）型塑了绩效。选

---

① 〔韩〕河连燮：《制度分析——理论与争议》，李秀峰等译，中国人民大学出版社，2014，第93页。

② 〔美〕道格拉斯·C.诺斯：《制度、制度变迁与经济绩效》，杭行译，格致出版社、上海三联书店、上海人民出版社，2014，第118页。

择反映了当事人关于环境的主观模型。因此，结果与意向的相符程度反映了企业家的模型与真实模型的接近程度。由于模型反映了观念、意识形态和信仰，而这只能或者至多部分地由反映政策实际实施效果的信息回馈机制提炼或改进，因而特定政策的效果不仅是不确定的，而且在很大程度上是不可预测的。但是，制度矩阵的报酬递增特征以及参与者的辅助性主观模型提示我们：虽然特定的短期路径是不可预测的，但长期的、总的方向则不仅是可预见的，还是难以逆转的。以上观点说明：拉美落后的状态并不是一天两天形成的，而要改变这种落后的面貌，则要做好更长期的准备。

不同的制度模式深深植根于历史，因为一旦社会以一种特殊的方式组织起来，它倾向于一直持续下去。1492～1804 年，拉美殖民地留下了丰富的"遗产"，特别是宗主国所创立的殖民统治制度方面的路径依赖，可以部分地解释当前拉美地区大部分国家的人民仍然生活在贫困线以下。欧洲殖民统治为美洲的制度分化提供了条件，美国和加拿大发展出了包容型制度，而拉丁美洲出现了"榨取型"制度，这可以解释美洲为何有多种模式的不平等。西班牙征服者在拉丁美洲的"榨取型"政治制度和经济制度一直延续了下来，注定了该地区许多国家在今后的很长时间内仍然深陷贫困。

第三节　文献综述

有关拉美缘何落后的问题，至今仍然像个"秘密门"。拉美地区地域广袤、资源丰富、物种繁多，且历史悠久，尽管属于较早参与全球化以及较早独立的殖民地国家，但是似乎一直走不出贫穷落后的怪圈。即便是某些国家在历史上有过短暂的辉煌，如 20 世纪 40～50 年代得益于全球化的阿根廷、20 世纪末期至 21 世纪头 10 年凭借石油价格大涨而经济增速较快的委内瑞拉，甚至是拉美最大也曾是最富裕的国家——昔日的 G20 新星和金砖国家——巴西，如今均已是"无可奈何花落去"，经济普遍大幅衰退，一片萧条。

第二次世界大战后，尤其是 20 世纪 60 年代以来，在冷战和世界范围内的非殖民化运动的影响下，学术界加强了对亚、非、拉等欠发达地区的研究，对拉美落后问题的研究也掀起了热潮。对拉美落后的解释中，"依附性"、"资源诅咒"以及"中等收入陷阱"有较多的受众者和支持者。本书将以时间顺序对关于此问题的研究做纵向梳理。

一　早期研究

有一种观点认为，殖民地类型的差异是由不同的宗教传统造成的。西属和葡属殖民地的天主教被认为是资本主义意识形态和资本主义发展的障碍，而荷属和英属殖民地的新教则被认为促进了资本主义的发展。也就是说，是宗主国的宗教传统导致了拉美殖民地的落后状况。这种观点以大量史实为基础，是早期研究的代表性观点。

另一种有代表性的观点是"民族特征论"。这一理论认为，南美人缺乏经济持久发展所需的品质和特征。基于这种观点的分析，再加上对气候和宗教所导致的文化缺陷的分析，部分人认为南美国家的民族特征缺陷明显，以至于很难在世界竞技场中获得成功。这种解释在 19 世纪和 20 世纪早期也被广为接受。

然而，以上这两种观点都经不起检验。资本主义诞生在信仰天主教的意大利、西班牙和葡萄牙；繁荣于信仰天主教的比利时和荷兰的企业家之中，其后的新教才在英国发展起来。由此来看，西班牙和葡萄牙的殖民地也应该具有资本主义萌芽的因素，而并不是单纯的封建主义殖民地。"民族特征论"也难以说明从成功转为失败的国家，如阿根廷，以及从失败转向成功再转向失败的国家，如委内瑞拉等这些国家的发展态势。

此外，比较出名的还有地理假说和"文化假说"。如罗伯特·C.艾伦在所著的《全球经济史》一书中坦言：南、北美洲的不同发展轨迹可以追溯到殖民时期，其根源在于地理和人口差异。① 南美洲住着绝大多数土著人，并且有着最多的财富。同时，它离欧洲也最远。这些差异最终导致了今天我们所看到的收入差距。他认为，地理是关键因素，因为它影响了不同地区与欧洲进行贸易的能力。但他在书中又提到，地理因素并不是唯一的解释，因为它的重要性取决于技术和经济条件。② 王晓德教授认为，天主教伦理观对拉美人的思想意识和行为方式产生了非常重要的影响，成为具有伊比利亚传统的拉丁美洲经济长期不发达的主要根源之一。③ 与文化相关的社会规范有自身的重要性且难以变化，而且它们有时候支持制度差异。文化的其他方面，比如人们相互信任、合作的程度很重要，但这些主要是制度的结果，而不是独立起作用的因素。"无知假说"，也被称为"市场失灵假说"，也具有一定的认可度。该假说认为世界不平等之所以存在，是因为我们或者我们的统治者不知道让穷国致富。富国之所以富裕是因为它们想到了更好的政策，并成功消除了市场失灵。④ 上述的"文化假说"以及"无知假说"，在其含义中实际上已经隐含了制度以及意识形态的因素，但是并没有很好地展开，同时也有"以偏概全"的嫌疑。

二　中期研究

第二次世界大战之后，基于冷战和世界范围内的非殖民化运动

---

① 〔英〕罗伯特·C.艾伦：《全球经济史》，陆赟译，译林出版社，2015，第779页。
② 〔英〕罗伯特·C.艾伦：《全球经济史》，陆赟译，译林出版社，2015，第228页。
③ 王晓德：《天主教伦理与拉丁美洲不发达的文化根源——兼与新教伦理对美国发展作用的比较》，《拉丁美洲研究》2006年第4期。
④ 〔美〕德隆·阿西莫格鲁、〔美〕詹姆斯·A.罗宾逊：《国家为什么会失败》，李增刚译，湖南科学技术出版社，2015，第45页。

的影响，致力于拉美研究的学者们主要从土地所有制、殖民地体制结构、宗主国政策等角度对"拉美缘何落后"这个问题进行了更为细致的研究。这一时期对该问题的研究成果主要是产生了以拉美学者为主的一批经济学家的理论，这些理论对之后拉丁美洲的走势产生了深刻的影响。这些理论主要是从这些拉美学者自身利益出发对拉美地区的落后做出了不同的解释。这些观点可分为保守派、激进派以及改良派三大类。

（一）保守派的观点

保守派继承了早期殖民地大地产制以及遗留下来的殖民机构致贫的观点。桑克尔（Sunkel）认为自殖民地时期就形成的大土地制、对外贸的依赖以及对教育等方面投入的不足，是影响拉美经济长期发展的主要因素。[1] 罗博克也认为，殖民地时期遗留下来的土地所有制的不同是导致南、北美洲不同发展状况的根源。[2] 缪尔达尔认为，拉美落后的原因在于这一地区受西班牙和葡萄牙的统治，因此没有得到英国统治所带来的进步因素；另一个原因则在于美国对拉美的控制和剥削。[3] 吉利斯等人认为，不同的殖民政策和不同的宗主国是导致南、北美洲发展差异的原因。[4] 里贝罗认为是宗主国社会更加成熟的资本主义性质、移民社会的平等主义、它们的社会结构的整合能力，以及欧洲移民更喜欢温带条件等因素使得北美迅速赶超了南美。[5]

---

[1] O. Sunkel, "The Structural Background of Development Problems in Latin America," *Weltwirtschaftliches Archiv*, 1966, 97（1）: 22–63.
[2] 〔美〕斯·罗博克：《巴西经济发展研究》，唐振彬等译，上海译文出版社，1980。
[3] 〔瑞典〕冈纳·缪尔达尔：《世界贫困的挑战》，顾朝阳等译，北京经济学院出版社，1991。
[4] 〔美〕吉利斯等：《发展经济学》，黄卫平等译，中国人民大学出版社，1998。
[5] 〔德〕安德烈·冈德·弗兰克：《依附性积累与不发达》，高铦、高戈译，译林出版社，1999。

20 世纪 60 年代之后，我国拉美研究领域的学者们也开始对此问题展开分析与论证。章叶以巴西为例说明拉美经济发展的主要障碍在于"美帝国主义的严格控制和掠夺，以及大庄园制度土地关系的半殖民地半封建经济结构"。[①] 张家哲认为，南、北美洲在民族素质、社会结构和制度、思想意识、价值观、社会风尚、教育等方面所存在的区别造成了经济发展上的差异。[②] 刘文龙认为殖民地母国、内外部条件和独立后的政治力量等方面所存在的差异导致了南、北美洲经济发展的差异。[③] 韩琦则认为南、北美洲的发展差异是二者在发展背景、殖民地类型、独立运动的性质和独立后的发展道路等方面的区别所导致的。[④] 李明德认为大地产制度加上外国殖民主义的侵略，阻碍了拉美各国的工业化和现代化。[⑤]

宋则行等人的观点是国内学者的代表。他们认为拉美之所以远远落后于美国等资本主义国家是因为：①独立后的拉美并没有建立起真正独立自主的政权；②没有独立发展民族经济的意识；③广泛存在的封建生产关系和大土地所有制以及帝国主义的各种干涉。[⑥]

这一时期的观点主要是强调了封建大土地所有制和美国的剥削。实际上，西方许多国家，尤其是那些早年崛起成为西方列强的国家，如英国、法国等，均经历过封建主义至新兴资本主义的演化过程，封建大土地所有制（主要是大庄园制）在各自国家历史上也存续过较长的时间，因此简单地将拉美的落后归因于封建大土地所有制并不

---

① 章叶：《巴西经济的发展及其障碍》，《大公报》1961 年 9 月 17 日，第 4 版。
② 张家哲：《资本主义在北、南美洲早期发展速缓缘由探析》，《上海社会科学院学术季刊》1990 年第 4 期。
③ 刘文龙：《拉丁美洲和美国独立后经济差距为何扩大》，《社会科学报》1992 年 1 月 30 日。
④ 韩琦：《试探拉美经济发展落后于北美的根源》，《世界历史》1997 年第 3 期。
⑤ 李明德：《简明拉丁美洲百科全书》，中国社会科学出版社，2001。
⑥ 宋则行等：《世界经济史》，经济科学出版社，1994。

能够成立；而对于美国的剥削，本书更是认为远远构不成拉美落后的根源，一个简单的反问是：美国在早期也是英国的殖民地，为何后来的发展甚至超越了英国呢？

（二）激进派的观点

激进派以普雷维什为代表的依附论学者为主。他们认为，资本主义从 16 世纪时起就存在于拉丁美洲，并且应该为拉美地区现在明显的贫困和剥削负责。1949 年 5 月，阿根廷经济学家劳尔·普雷维什向联合国拉丁美洲和加勒比经济委员会（以下简称"拉美经委会"）递交了一份题为《拉丁美洲的经济发展及其主要问题》的报告，系统和完整地阐述了他的"中心—外围"理论。在这份报告中，普雷维什指出："在拉丁美洲，现实正在打破陈旧的国际分工格局，这种格局在 19 世纪很重要，而且作为一种理论概念，直到最近仍继续发挥着相当大的作用。在这种格局下，拉丁美洲这个世界经济体系外围部分的专门任务是为大的工业中心生产粮食和原材料。"也就是说，在传统的国际劳动分工下，世界经济被分成了两个部分：一个部分是"大的工业中心"，另一个部分则是"为大的工业中心生产粮食和原材料"的"外围"。在这种"中心—外围"的关系中，"工业品"与"初级产品"之间的分工并不像古典或新古典主义经济学家所说的那样是互利的，恰恰相反，由于技术进步及其传播机制在"中心"和"外围"之间的不同表现和不同影响，这两个体系之间的关系是不对称的。对此，普雷维什进一步指出："从历史上说，技术进步的传播一直是不平等的，这有助于使世界经济因为收入增长结果的不同而划分成中心和从事初级产品生产的外围。"

在普雷维什所著的《外围资本主义：危机与改造》中，他进一步说明：资本主义在先进国家明显是向心的，倾向于把工业化集中在自己的疆域之内，而不使其扩散到世界其他地区。① 这种向心性是外围国家在发展中遇到的强大的外部制约，也是外围发展延误的原因所在。巴西的多斯桑托斯认为拉美的不发达是世界形势发展的产物，是资本主义在世界范围内扩张的结果。他认为在发达国家与不发达国家之间存在一种依附关系，但是这种关系不是一种外部因素，而是由后者内部的社会结构所造成的；不发达国家要想摆脱对发达国家的依附，只有通过革命来改变自己的内部结构。② 总之，依附论强调"中心"（发达国家）和"周边"（拉丁美洲）之间的对立和双方之间不平等的交易关系。这一理论最初对拉丁美洲未能达到发达国家的高生活水准的阐述是可信的，甚至至今仍然有一定程度的解释力。并且，该理论作为一个起点，现在已经成为发展经济学的基础和出发点。但是，为什么拉丁美洲地区内一些国家比另一些国家的发展要好呢？该理论的解释力就不是那么令人信服了。

在激进派中还有几位非拉美的著名学者，主要有保罗·巴兰、安德烈·冈德·弗兰克和萨米尔·阿明等。巴兰认为不发达国家是社会发展过程中的产物，而资本主义发达国家的发展是以牺牲不发达国家为代价的，落后的根源在于经济剩余的转移。③ 弗兰克认为，不发达国家和地区在世界资本主义发展进程中的从属性依附地位才是它们不发达的原因所在。④ 阿明认为，北美洲南部的殖民地和西班牙及葡萄牙殖民地并无不同，例外的只是新英格兰，因为它的小商品经济是以自主

---

① 〔阿根廷〕劳尔·普雷维什：《外围资本主义：危机与改造》，苏振兴、袁兴昌译，商务印书馆，1990。

② 〔巴西〕特奥托尼奥·多斯桑托斯：《帝国主义与依附》，齐海燕等译，社会科学文献出版社，1992。

③ 〔美〕保罗·巴兰：《增长的政治经济学》，商务印书馆，蔡中兴、杨宇光译，2000。

④ 〔德〕安德烈·冈德·弗兰克：《依附性积累与不发达》，译林出版社，高铦、高戈译，1999。

为中心的，具有产生资本主义的能力，而南美洲则不具有这种能力。①

（三）改良派的观点

介于两者之间的是改良派的观点。该学派仍然以普雷维什所领导的拉美经委会的学者为主。他们认为，拉美落后的根源是资本主义工业化的中心国家和发展中的外围国家之间在经济上的不平等，以及美国等中心国的霸权和剥削。他们主张通过进口替代的方式遏制外部投资的影响，以鼓励民族资产阶级的发展。1929 年的资本主义大萧条是促使拉丁美洲国家由单一的外向型出口导向发展模式转向进口替代工业化发展模式的关键因素。在拉美经委会的思想战略指导下，进口替代发展战略为此时拉美主要国家所接受和推行，逐渐形成了进口替代发展模式。虽然有其局限性，但这一发展模式对奠定拉美工业化基础有着毋庸置疑的作用，并使得这一地区经济在 20 世纪80 年代以前都保持了高速发展。

理论上，拉美经委会的经济学家们把进口替代作为拉美实现工业化的政策工具并没有错。他们只是夸大了对进口替代的期望：他们坚信拉美国家只要依赖进口替代，就能达到美国和欧洲业已达到的工业化水平和经济多样化。事实上，进口替代仅仅只是发展过程中的一个阶段，一国选择怎样的发展政策与发展模式，一定要与时俱进，而绝不能一成不变，也不可能一蹴而就。

国内学者苏振兴认为，20 世纪 30 年代替代工业化模式的启动，促成了拉美国家工业资产阶级和产业工人队伍的出现，也推动了社会的初步转型。② 但是，拉美进口替代工业化模式明显受到国内市场规模和外贸失衡两大因素的制约，因此大多拉美国家在 1973 年之后

---

① 〔埃及〕萨米尔·阿明：《不平等的发展》，高铦译，商务印书馆，1990。
② 苏振兴：《关于拉美国家现代化研究若干问题的探讨》，《学术探索》2006 年第 2 期。

纷纷走上"负债增长"之路，并于 20 世纪 80 年代爆发了债务危机，这标志着进口替代工业化的结束。

三　当代研究

由于上述的传统理论并没有能够使拉美摆脱不发达状态，所以这些理论也不可避免地遭到冷落并不断受到质疑。但是，新的观点也同样存在自身的不足和缺陷。

拿撒尼尔·H. 莱夫（Nathaniel H. Leff）以巴西为例并以巴西东北地区为研究对象，反驳了大地产制度、社会结构特点、单一作物出口及在国际经济关系中所处的依附地位等因素阻碍了巴西经济发展的传统观点。他认为导致巴西在 19 世纪发展缓慢的主要原因是客观上的地理条件和主观上的移民政策。[①] 瓦尔特·L. 伯尔奈克（Walther L. Bernecker）等认为，在政治体制方面所存在的集权与民主的差别、在社会结构方面所存在的男女比例和殖民政策的差别、在经济结构方面所存在的土地分配制度的差别，以及地理环境、资源状况和法制观念、文化传统等方面的差别，导致了南、北美洲之间截然不同的经济发展历程。[②] 约翰·德威特（John Dewitt）则在经济全球化的背景下，通过对比分析了巴西和美国在 19 世纪经济发展巨大差异产生的原因。他认为这种差异是由两个国家并入全球经济的不同方式造成的。[③] 林毅夫等认为包括拉丁美洲国家在内的、凡是推行"赶超战略"的国家经济增长与发展都没有取得成功，其根本原因正是这些国家所共同选择的"赶超战略"，以及

①　Nathaniel H. Leff, *Underdevelopment and Development in Brazil*, London：George Allen & Unwin Ltd.，1982.

②　Walther L. Bernecker and Hans Werner Tobler, *Development and Underdevelopment in America*, Berlin and New York：Walter de Gruyter, 1993.

③　John Dewitt, *Early Globalization and the Economic Development of the United States and Brazil*, London：Praeger Publishers, 2002.

相配套的扭曲产品、要素相对价格的宏观政策环境和政府干预型的管理体制。①

在当代研究中，比较出名的是出口导向理论和新自由主义理论。出口导向理论指出，最大限度与世界经济融为一体的国家必将取得最快速度的经济增长，并最终跻身发达国家行列。然而事实是，洪都拉斯一直处于世界上最开放的经济体之列，但它至今仍然是拉丁美洲地区甚至世界上最贫穷的国家。而巴西，在20世纪70年代之前还基本与世界经济没有联系，却从拉丁美洲最贫穷的国家演变成了最富裕的国家之一。

另一解释力颇强且较为人们所认可的是新自由主义理论。这一理论指出，政府干预扭曲了相对价格、妨碍了高效的私营企业的兴起，迫使许多人从事非正规的，往往是非法的活动，从而导致拉丁美洲经济失去了活力。实际上，1930年以前的半个世纪里拉丁美洲的主导思想是自由主义思想，当时的主要观点是：国家的作用不大，外国私人投资突出。新自由主义理论所带来的后果却是利大于弊。尽管20世纪60年代以后拉美地区获得了极大的外资输入，经济发展水平获得一定程度的提高，但是也直接导致了1982年拉美地区的债务危机，而且至今外债问题突出，通货膨胀现象极其严重。

从以上这些观点可以看出，当代学者多数已经不再拘泥于宗主国的影响、封建制度的阻碍、人种的差异以及发达国家的剥削、依附性的国际经济关系等这些传统观点，而是倾向于更多地从经济学的角度以及从拉美国家内部寻找问题的根源。重要的著作有如下两部。

其中一本是《独立以来拉丁美洲的经济发展》。在该书中，作者

---

① 林毅夫等：《战略抉择是经济发展的关键——二战后资本主义国家经济发展成败的透视》，《经济社会体制比较》1992年第1期。

维克托·布尔默－托马斯教授以交叉科学的视角，运用经济学和历史学的理论范畴对拉丁美洲独立以来的发展进程进行了综合分析，总结了这个地区将近200年经济增长的成就和不足，在增长模式、经济结构、殖民地遗产、外部冲击、制度变迁和公共政策以及经济史分期等一系列焦点和难点上，试图根据三种基本思想阐释拉丁美洲地区的总体形势和个别国家的状况：商品的机遇、出口导向增长机制和经济政策因素。而且，该书是以一个异域人的眼光观察拉丁美洲的，具有拉丁美洲当地人所不能及的独到之处。这本书所体现出来的对拉丁美洲地区独立后近200年的历史性把握，以笔者目前的水平来看，是比不上的。然而，独立前300余年殖民地的历史却是笔者目前的兴趣所在，而当前也的确没有这样一部专门囊括这300余年历史的拉丁美洲经济史可以去借鉴。

另一本重要著作是由德隆·阿西莫格鲁和詹姆斯·A. 罗宾逊所著的《国家为什么会失败》。在该书中，作者明确给了肯定的回答，即制度是决定国家之间贫富差异的原因。他们将不同国家的政治制度和经济制度划分为包容型和榨取型，认为包容型政治制度和包容型经济制度是实现经济长期增长的关键，榨取型政治制度和榨取型经济制度虽然能够在一定时期内实现经济增长，但是不能够持续。正是由于有的国家建立了包容型的政治制度和经济制度，有的国家建立了榨取型的政治制度和经济制度，结果就造成了不同国家之间经济增长和经济发展水平的差异，造成了世界性的不平等。

本书正是在吸取以上两本著作主要观点的基础之上，从拉美地区内部着手，对拉美殖民地时期所形成经济制度的性质进行剖析，以期发掘拉美落后的根本原因。韩琦称：拉美至今仍然是世界上贫富两极分化最严重的地区，对外经济依附也没有减轻，其原因固然与技术进步相对缓慢、资本积累不足、宏观经济管理水平不高等因素有关，但最重要的问题是发展模式转换的延误，最根本的原因在于传统体制变革的不彻底。[①] 这是怎样的一种体制？又为什么变革得不够彻底？这些均是本书试图回答的问题。

小 结

制度框架和历史视角是本书展开分析的基本逻辑脉络。"拉美为何至今仍然落后？"是本书试图回答的主要问题。围绕着对这个问题的尝试回答，本书形成了如下基本命题，即拉美殖民地时期所形成的"榨取型"经济制度是导致拉美至今落后的主要原因。在剖析拉美殖民地时期经济制度形成的过程中，试图回答拉美"榨取型"经济制度在殖民地时期是如何形成的；这些制度在拉美独立后经历了怎样的历史变化；这些制度对当今拉美的影响何在。在尝试回答上述问题的过程中，本书试图对"榨取型"制度做出更为明确和具体的概念化界定。

西班牙殖民地的大部分经济制度让西班牙王室和西班牙移民中的精英阶层获益匪浅，但却没有推动拉丁美洲走向繁荣。大部分人的财产权没有得到保护，他们也缺乏投资的动力和拥有理想工作的机会。这些经济制度的产生和持续都伴随着特殊的政治制度和特殊的政权均衡。欧洲殖民者一直都维持着强制性的体制以及垄断性的军事和政治权力，除非欧洲的宗主国强制实行，否则他们对于自己的权力几乎没有任何的制约机制。这些政治制度的特点不仅使得政治制度本身具有了一种连续性，而且使得一系列不能给普通民众提供良好经济刺激的经济制度具有了一种连续性。[②]

---

① 韩琦：《辩证评析拉美的百年经济发展》，《世界经济与政治》2005 年第 8 期。
② 〔美〕弗朗西斯·福山编著《落后之源——诠释拉美和美国的发展鸿沟》，刘伟译，中信出版集团，2015，第 179 页。

制度惯性也会通过"规范"的方式以更加微妙的方式展现出来。"规范"是一组在社会中被普遍分享的信念。这些信念将人们区分为不同群体，协调了人们进行社会、经济、政治互动的预期，决定了社会动员的模式与力度。相对于经常变动的纸面上的政策、制度，"规范"在拉美政治中往往扮演着更加重要的角色，并在实际上限制了正规制度的有效性和可行性。300余年的拉美殖民地时期必然在当今拉美留下了深刻的"规范"烙印，以制度框架为主线探寻这一特殊的历史时期是本书的主要尝试，试图探索研究的制度只落脚于经济制度中的有限几种。如果该尝试有些许价值，或许可以作为今后继续分析其他制度的一个视角或者一个出发点。

第二章
土地制度

"事实上，19世纪20年代实行私人所有制的土地只是1914年实行私人所有制的一小部分。"

—— 〔英〕维克托·布尔默-托马斯，《独立以来拉丁美洲的经济发展》

拉丁美洲地区地域辽阔，却是世界上土地占有最不平等的地区。根据联合国粮农组织统计，在拉丁美洲，占全国人口1.3%的大地产所有者占有的耕地达到全国耕地面积的71.6%。极少数大地产所有者控制大部分肥沃的或者埋藏着极有经济价值的矿藏的土地，而大量的小庄园主则被排挤到分散的贫瘠小块土地上，艰难地维持生计。在这种制度下，尽管拉美地区的家庭平均可耕地面积远远多于日本、中国等亚洲国家，但土地在农户之间的分配却极不均等，土地分配的基尼系数都在0.82以上。秘鲁和委内瑞拉是土地分配最不平等的国家，土地分配的基尼系数达到0.91。在秘鲁，占农户总数78%的小农户户均耕地8.9公顷，而仅占农户总数1.9%的大地主户均耕地多达79.1公顷，是小农户的近9倍。在委内瑞拉，占人口总数43.8%的小农户户均土地仅0.9公顷，而占农户总数13.6%的大地主户均土地高达 92.5 公顷。[①]

上述现象与拉美殖民地时期的土地分配极其相似，实际上目前的土地占有不平等状态正是源于殖民地时期的土地制度，其典型形式是大地产制。它在拉美大陆有不同的名称，比如，在墨西哥叫作"哈希恩达"（Hacienda），在智利叫作"丰多"（Fundo），在阿根廷叫作"埃斯坦西亚"（Estancia），在巴西叫作"法森达"（Fazenda），在委内瑞拉叫作"阿托"（Hato），等等。通常来讲，用于种植谷物的地产被称作"大庄园"，种植经济作物的地产被称作"大种植园"。最初出现的农场多为混合型的，后来才陆续分为农业大庄园、畜牧业大庄园和大种植园。长期以来，大地产制一直是拉美土地制度的主要特征，在拉美历史上占有极其重要的地位，对拉美经济、政治和社会、文化的发展造成深远影响。本章旨在通过对殖民地时期新西班牙总督区（今墨西哥）大庄园制以及巴西的大种植园制进行剖析，对拉美土地制度的起源、形成及其经济结构和发展趋势等方面做出较完整的阐释。

第一节　制度起源与形成

1484 年，当哥伦布向葡萄牙国王请求资助以便能够向新大陆探险之时，遭到了拒绝。两年后，哥伦布向西班牙朝廷求助，起初也遭到拒绝，但最后还是赢得了伊莎贝拉女王的支持。1492 年 8 月 2 日，哥伦布率领三艘帆船，从帕洛斯角起航。两个月后，他登上了巴哈马群岛中的一个小岛，并将它命名为圣萨尔瓦多。当时，哥伦布认为他抵达了亚洲，因为他确信圣萨尔瓦多岛离日本非常近，下一步就是找到日本。于是，当他向西南继续航行抵达美洲大陆时，他相信自己抵

[①]　李学清、刘雨：《拉美土地和农民问题的教训及启示》，《理论导刊》2012 年第 6 期。

达了马六甲海峡附近的某地。^① 尽管由于当时技术条件的限制，哥伦布长期坚持了自己的错误地理认知，然而这一错觉却带来了重大结果：它鼓舞人们进一步勘探南北美洲，直到在墨西哥和秘鲁发现大笔财富。

在结束第一次航行回来之后，哥伦布在给加布热沃·桑切斯的信（1493 年 3 月）中描述了他的发现。这封信表明，哥伦布是多么急切地想说服人们，他已经发现了宝贵的土地，他准备掠夺这些土地上的财富，并将这里诚实而又热情的人们变为奴隶。

> 我知道，您听到我圆满完成任务的消息一定会很高兴，因此，我决定给您写这封信，告诉您我在这次航行中所做的一切和所发现的情况。
>
> 在离开卡迪兹后的第 33 天，我进入了印度海，在那里，我发现了许多岛屿，居住着不计其数的居民。我展开国王的旗帜，公开宣布替我们最幸运的国王占领了所有这些岛屿，岛上的居民无人反抗……在这座岛上和其他所有我见到的、或知道的岛上居住的男男女女，都像他们刚来到这个世上一样赤身裸体，只有少数妇女用树叶、树枝或专为自己准备的棉纱遮住部分身体。正如我前面谈到的，他们没有任何铁器，也没有武器；他们对此一窍不通。他们不会使用武器，并非因为他们身体不健全，而是因为他们生性胆小，充满恐惧。不过，他们用晒干的甘蔗作杆、一头固定着削尖的、晒干的木矛，来代替武器。但是，他们从来不敢用这些东西，因为每当我派两三个下属到当地的村庄与居民们谈话时，常常会出现这样的情况：一群印第安人（哥伦布认为他们是印度人）冲出来，但一见到我们的人要接近他们，

---

① 〔美〕斯塔夫里阿诺斯：《全球通史：从史前史到 21 世纪》第 7 版修订版，吴象婴等译，北京大学出版社，2012，第 409 页。

他们就会夺路而逃，父母顾不上孩子，孩子管不了父母。他们这样做并不是因为受到了什么损失或伤害。相反，我会把我所带的东西，如衣服和许多其他东西，送给我所遇到的人或愿意和我说话的人，从不索要任何回报，但是，他们还是天生地害怕和胆怯。不过，当他们看到自己安全时，且所有的恐惧消失后，他们都非常坦率、诚实，待人也十分慷慨。如果有人问他们要东西，没有人会拒绝；相反，他们自己还会邀请我们带走他们的东西。他们对我们表现出了最大的热情，用非常珍贵的物品换取我们不值钱的东西；给他们最不值钱的东西，甚至不给他们任何东西，他们都会很高兴……

最后，如果用几句话总结我们这次出航和迅速返回的主要结果和好处，我向我们最最战无不胜的君主们承诺：如果我能得到他们一些小小的援助，我将把他们想要的任何数量的黄金，还有香料、棉花、只有在希俄斯岛上才能找到的玛蒂脂，以及尽可能多的沉香木和陛下们想要的尽可能多的异教徒奴隶都奉送给他们。……

由于这些事情已经完成，所以，我只是简短地跟您讲述一下。再会。

克里斯托弗·哥伦布

海洋舰队司令

3 月 14 日于里斯本①

据此，西班牙君主坚定地继续支持哥伦布，并再次投入大笔资金为他装备了另外三支远征队伍。但是，直到 1519 年，西班牙人才在

---

① 〔美〕斯塔夫里阿诺斯：《全球通史：从史前史到 21 世纪》第 7 版修订版，吴象婴等译，北京大学出版社，2012，第 410~411 页。

墨西哥偶然地发现了富裕的阿兹特克帝国。从哥伦布首次探险至这次意外的发现，长达近 1/4 世纪；数千名冒险家成群结队地前往西印度群岛，只是令人扫兴地找到少量黄金。然而，美洲大陆的发现的确引起了具有划时代意义的连锁反应：美洲大陆进入全球视野，并通过提供金银的方式对西方资本主义的崛起起到基础性和决定性作用。与此同时，美洲大陆也在这个时期受到了残酷剥削。

最初西班牙人到达美洲时，并没有打算要移民到这个新发现的大陆，更谈不上在这里永久定居。第一代征服者几乎都不具备移民心态，自然也就不会对土地产生兴趣。他们当时所想的就是仿效葡萄牙人在东方的做法，即在新大陆建立商业据点，进行贸易垄断和海盗式掠夺当地资源，大发其财后衣锦还乡。① 然而实际情况是，当他们到达这片未知领域之后，殖民者在这里却找不到可以进行贸易的适宜产品，当地的印第安人对同西班牙人进行商业往来也毫无兴趣。因此，西班牙殖民者采取了与早期葡萄牙等国不同的殖民方式，即建立永久性移民殖民地模式，他们在移民的过程中通过占有当地的矿产、农业资源等来直接奴役土著，以便最大限度地榨取财富。于是，一种可称为"拓殖榨取型"② 的殖民地新模式，在美洲大陆逐步建立起来。这种"拓殖榨取型"殖民方式的基础首先就是大量地占有当地的土地。

在任何地方，可供现成抢劫的东西总是有限的。在殖民初期，殖民征服者在美洲这片土地上并没有发现有价值的金银矿藏，因此，当他们把印第安人所积存的金银财宝抢夺一空之后，他们的目标就转向了对土地的掠夺。殖民帝国的国王将土地这种稀缺资源视为一种重要赏赐奖赏给对殖民征服有功的人员。例如，科尔特斯被赏赐了包

---

① 林被甸、董经胜：《拉丁美洲史》，人民出版社，2010，第 68 页。

② "拓殖榨取型"这一提法是在林被甸、董经胜所著的《拉丁美洲史》一书中被首次正式提出的。

括 22 个墨西哥市镇在内的大片土地，面积不少于 2.5 万平方英里（1 平方英里≈2.6 平方千米），居住着 11.5 万名印第安人。除广大地产外，他还拥有萨卡特卡斯、塔克斯科等多处矿产。皮萨罗被赏赐了秘鲁 2 万名纳贡者供其役使，他的重要随从也被赏赐了很多土地和印第安人。不过，众多的征服者是按照等级身份和军功大小分配"步兵份地"和"骑兵份地"的，前者不足 9 公顷，后者为前者的 5 倍，约 43 公顷。这种授地制度就成为殖民者建立规模不等的农庄、牧场的最初来源，也就是拉美大地产制的最早起源。[①]

同"步兵份地""骑兵份地"并行的另一种赐予方式为牧场的赐予。1532 年、1538 年、1539 年王室颁布的一系列法令都宣布，新西班牙的所有草场、未耕地属公用地，禁止个人圈占，[②] 同时还规定对赐予的"骑兵份地"保留啃茬权。这些法令颁发的初衷是希望在新大陆建立一种类似古代西班牙的公共放牧制度。但是事实上牧场所有权非常混乱，各地市政会未经国王批准就私自纷纷赐予牧场，当时的总督门多萨认为不可能建立起古代西班牙王国的公共牧场制度，于是从 1540 年起以国王名义开始分配牧场，规定每块牧牛场的面积为 1750 公顷，每块牧羊场的面积为 780 公顷。[③] 获得这种土地时会相应获得总督的赐予书，赐予书明确了土地的所有权，[④] 受赐人实现了将公共牧场变为私人财产。但是，这个阶段西班牙殖民者仍主要聚集在人口稠密的中部地区，以印第安人的土地公有制为基础，进行土地赐予的规模较

---

① 林被甸、董经胜：《拉丁美洲史》，人民出版社，2010，第 69 页。
② 韩琦：《拉丁美洲经济制度史论》，中国社会科学出版社，1996，第 132 页。
③ 韩琦：《拉丁美洲经济制度史论》，中国社会科学出版社，1996，第 133 页。
④ "赐予书"中的部分内容："我赐予某牧场，一旦你拥有它，它就将属于你和你的继承人，你将有权按照你的意愿出卖、转让、遗赠，但不得给予教会团体和个人，违者受罚，放牧时须遵守所有关于建立牧场的规定，不得侵犯国王和任何第三者的利益。"参见 F. 薛瓦利埃：《殖民地时期墨西哥的土地和社会》，转引自韩琦《拉丁美洲经济制度史论》，中国社会科学出版社，1996，第 133 页。

小。16 世纪中期之后，1550～1630 年墨西哥北方和中部因不同原因才同时初步形成了大庄园。

对于墨西哥北方来说，银矿的开采和新市镇的建立以及由此产生的对农牧业产品的需求，是形成大庄园的主要原因。[1] 1546～1591 年，伴随萨卡特卡斯、瓜那华托、圣路易斯波托西、帕卡丘－雷亚尔－德尔蒙特四大银矿区被发现，墨西哥成为新大陆第二大产银地，也由此吸引了大批西班牙殖民者在荒原上建立居民区，紧随其后的就是粮食供应，矿主们因此开始建立农牧混合型的大庄园以解决居民的吃饭问题。17 世纪初，矿主们通过赐予或购买方式建立起了一系列大庄园，比较有名的如麦迪纳庄园"拥有大批牛群、羊群、水浇麦田、四个选银水磨、一个载满各种卡斯提尔果树的大果园，还有一个布满格子架的葡萄园"，以及圣弗朗西斯科大庄园的中心区内有"水坝、12 个熔炉、1 个碎石机"，其周围是牧场，前后总计投资 14 万比索，[2] 等等。在这个时期，伴随银矿的开采，北方通往墨西哥城的交通变得日益重要，同时为防范西班牙人运送白银和粮食的队伍遭当地土著游猎者的袭击，总督在沿途建立了西班牙市镇，并分配给新市镇的公民一份包括宅地在内的园地、"骑兵份地"和牧羊场。在新市镇的建立当中，国王还采取了类似西班牙"光复运动"时的"先遣官制"，即将殖民任务交给一些"富裕和有权势的人"，许诺给他们某些特权，而不动用王室财政，如 1573 年的殖民法中就载有这些人的后代可拥有总督的世袭权或大将军头衔，可占有新市镇地区 1/4 的土地，其长子可享有继承权，等等。这一政策促进了一批大庄园的形成，如新比斯卡亚的前四任总督都是大地产主，新莱昂、新墨西哥省的早期

① 韩琦:《拉丁美洲经济制度史论》，中国社会科学出版社，1996，第 134 页。
② F. 薛瓦利埃:《殖民地时期墨西哥的土地和社会》，转引自韩琦《拉丁美洲经济制度史论》，中国社会科学出版社，1996，第 135 页。

总督们也都是大地产主。与此同时，国王为控制北方地区的殖民活动于 1548 年所设立的新加利西亚检审庭的官吏们也纷纷通过联姻，或利用分配土地的权利将土地分配给亲朋、仆人或代理人而最终攫为己有，甚至伪造受赐人的假名获取大量土地而成为大地产主。

　　在墨西哥中部，土著人口的大量死亡和西班牙化人口的增长以及由此而引起的市场需求，推动了该地区大庄园的建立。据统计，由于战争、殖民者的掠夺，特别是瘟疫的传入，墨西哥中部的人口在整个 16 世纪减少了 95%，造成大片土地的荒芜。1584 年，为加强对土著的行政管理和基督教化，西班牙王室命总督建立"规划村"，将分散的印第安人高度集中，按照西班牙的市镇模式重新组建印第安人的居住区。1605 年当这项工作完成之时，当地土著传统的行政区划和土地占有秩序已经完全被打乱了，这就为西班牙之后大量的兼并土地扫清了障碍。同时，16 世纪下半期，一大批渴望土地的新殖民者来到墨西哥，使墨西哥城的白人市民从 1550 年的 2000 名增至 1600 年的 15000 名，16 世纪末达到近 10 万人，17 世纪中期达 20 万人。西班牙人的市镇中通常会为土著居民划出一个专门的区域，以供从事城建和服务型劳动的土著居住，由此这些土著居民的生活方式也很快被西班牙化了。而西班牙化居民的增多又为墨西哥经济的发展创造了一个相当规模的商品市场，这使得殖民者更多地经营农牧业以期有利可图。在这个时期，西班牙人对土地的兴趣大增，土地赐予的步伐大大加快了，赐予的规模也相应扩大。据统计，1540～1620 年在新西班牙有 12742 块"骑兵份地"被赐给了西班牙人，1000 块被赐给了印第安人，共计近 60 万公顷土地。[①] 与此同时，西班牙人之间的土地兼并以及西班牙人对土著村社土地的兼并也开始了。通过购买、利用监护权和行政权获取，甚至非法吞并，西班牙人强行占有了大片

---

　　① 韩琦：《拉丁美洲经济制度史论》，中国社会科学出版社，1996，第 137 页。

土著村社的土地，监护主、殖民官吏以及住在墨西哥城的矿主、商人和各地的小康农人，也大都变成了大地产主。

基于墨西哥北方和中部地区都出现了大地产主，国王于1591年颁布法令重申他是所有土地的主人，宣布未经恩准而占有土地的人须通过土地审定向国王纳费，但是土地审定工作直到1638年才全面展开，这显示了大地产在绝大多数地区的盛行。17世纪末，该项工作基本结束之时，国王正式从法律上确认了殖民者的土地私有权，①以往土地掠夺中的种种罪恶和在土地所有权归属问题上的任何缺陷均被一笔勾销，从而在制度上为墨西哥庄园制的建立奠定了基础。

对于墨西哥南部地区来说，由于地理上的孤立，且无北方的银矿和中部的大城市，殖民者到达该地区的时间晚，人数少（1600年西班牙移民不足500人），当地土著又具有较强的凝聚力和排外意识，因此大地产制发展迟缓。瓦哈卡谷地在1570~1643年出现了41个中小型庄园，均是建立在空闲土地上的农牧混合型地产；并且当地的村社并不在大地产主的垄断和控制之下，而是同西班牙人地产处于一种平行的经济结构中。同一时期，通过赐予、捐赠、购买、抵押甚至诱骗等方式，教会的大地产也蓬勃发展起来，到18世纪中期，墨西哥6个主教区内仅耶稣会的庄园就有约130个。②

以上墨西哥的大地产历史表明，起源于官方赐予的"骑兵份地"或牧场，通过各种方式兼并他人或土著村社的土地，再经过土地审定，最后成为个人（或教会）的私有大地产，这是大庄园形成的共同特征。到1810年，墨西哥共有大地产4944处，其中大庄园3749处，牧场1195处，并且主要分布在中部和北方地区。这样，从16世纪末至18世纪初期，大庄园制就成为拉美农业发展的新模式，并逐

---

① 韩琦：《拉丁美洲经济制度史论》，中国社会科学出版社，1996，第140页。
② 韩琦：《拉丁美洲经济制度史论》，中国社会科学出版社，1996，第142页。

步演化为拉美土地制度的主要形式。

与雇用印第安人生产粮食的大庄园不同，大种植园主要使用从非洲进口的奴隶，生产供应欧洲市场的经济作物。[①] 实际上早在1493年，哥伦布就将甘蔗带到了埃斯帕尼奥拉岛，但当时的市场狭小，甘蔗种植园未能得到发展。17世纪，伴随英、荷等国的殖民海盗加剧对加勒比各岛屿的侵袭并在安的列斯群岛中侵占殖民地，他们在自己的殖民地上建立了小规模的种植园。到17世纪中叶，荷兰殖民者把他们在巴西发展奴隶制种植园经济的经验带到了西印度群岛，向英、法所属的巴巴多斯、马提尼克、瓜德罗普推广先进的蔗糖生产技术，提供贷款和移民以扩展自己的势力。与此同时，法国和英国也不甘落后，积极鼓励向小安的列斯群岛移民和发展种植园。于是，甘蔗种植园在西印度群岛各国殖民地空前繁荣起来，形成了著名的热带商业经济体系。到18世纪中期，圣多明各和牙买加的蔗糖产量甚至超过了巴西，之后西印度群岛又成为欧洲所需的棉花、咖啡、蓝靛等产品的最大产地。种植园经济的地位在殖民地后期显得更加重要，到18世纪中期，以黑人劳动为基础的种植园已经在新大陆上深深扎根，作为拉美土地制度的重要组成部分，同时构成拉美殖民地的一个显著特征。

第二节　制度分析与性质界定

同西欧封建庄园相比，墨西哥大庄园是一种地主庄园，大庄园主开始是西班牙人，后多为土生白人，他们当中有相当一部分是矿主、商人或与之有关的人，大多熟悉利润原则，是资产阶级化的贵族。可见，大庄园是在欧洲商业资本主义发展的新历史条件下，欧洲文明和

---

① 林被甸、董经胜：《拉丁美洲史》，人民出版社，2010，第80页。

非洲文明同美洲文明相结合的产物，是一种前资本主义成分同资本主义成分相混合的经济制度。

大庄园的土地面积一般为几千公顷。从经济结构而言，大庄园已经不再是初期简单的农场或牧场，而是成为一个日渐配套的生产单位。由于水源和土壤质量的不同，以及获取劳工和进入市场条件的差异，大庄园在规模和生产能力上存在较大区别。[①] 典型的大庄园一般划分为农田、牧场、森林等区域，依据市场和自身的需要，在生产上做出不同的规划和安排。用于耕作的农田，又分为不同的区域，最肥沃和灌溉最好的土地一般为销售作物区，种植甘蔗、玉米、小麦等作物；种植供内部消费的作物，如玉米和辣椒等，称为自给作物区；另外还有休耕区。此外，大庄园内不仅生产本身所需的谷物、畜产品和木材，还有自己的木匠、铁匠、小型制革厂、肥皂厂和纺织厂，自行制造如服装、农具、砖瓦等必需品。除建有宅院、农舍、仓库、手工作坊之外，大庄园内还设有商店、学校、医院，形成相对封闭的结构，构成农村社会的基本单位。[②]

最初，大庄园的营利性非常明显，因为其兴起主要就是为了满足矿区和城市对食品的需求。例如，1781 年拥有 3 万人的瓜达拉哈城，牛肉消费的 70% 以上是由 5 家大庄园提供的，羊肉消费的 50% 是由两家大庄园提供的。18 世纪后期墨西哥城的居民已经超过 10 万人，所消费的龙舌兰酒的一半是由城北两家大庄园提供的。然而，大庄园内多耕作粗放，技术落后，加上管理不善，获益性往往较差，在殖民地后期，大庄园平均收益率不足 6%，而当时的贷款利息率为 5%，因此实际上大庄园并无多少利润可言。此外，大庄园在进行商品生产的同时，也从事自给自足的生产以维持园内劳动力起码的生活和保

① 林被甸、董经胜：《拉丁美洲史》，人民出版社，2010，第 76 页。
② 林被甸、董经胜：《拉丁美洲史》，人民出版社，2010，第 77 页。

证庄园的存在。特别是在 17 世纪白银开采发生衰退之时，矿主转移投资到大庄园内，由于矿业衰退所带来的农产品需求减少，大庄园自给自足的倾向性更为明显。

大庄园内的劳动力通常以债役雇农制的形式获得。债役雇农制就是庄园主通过预付工资（多为玉米等实物）、代缴人头税和租赁或赊售小块土地等方法，把欠下债务的印第安人变成长年雇工，以工偿债。债役农负债的多少以及受奴役和束缚的程度在各地有较大差异。在劳动力短缺，且农业资源较充分的地区，庄园主往往使用债务和超经济强制束缚他所雇用的劳动力。而在劳动力充足且农业资源较贫乏的地区，为降低生产成本，庄园主更愿意使用季节性劳工。按照剥削的形态，庄园内的劳动力大体可以区分为奴隶、自由雇工、债役雇农以及佃农。佃农主要由租种庄园土地的印第安人、混血种人以及土生白人组成，18 世纪随着商品市场的扩大和货币地租的流行而普遍起来。例如，18 世纪中期桑塔露西亚庄园曾将园内一部分土地出租给了 200 多家佃户租种。①

此外，在不同地区，庄园的规模、生产潜力、组织劳动和其他方面都会有很大区别。经济形势的变化常常导致庄园规模、产量和产业结构的变化。经济衰退时，大的庄园会分裂成很多小单元；经济形势好转时，又会出现相反的变化。但总体上，在殖民地时期，庄园总的发展趋势是越来越集中到少数人的手中。

种植园经济同大庄园经济相比，除种植园使用黑人奴隶劳动与大庄园使用印第安人奴隶劳动以及土著劳动的重要区别外，在为资本主义世界市场生产方面，大庄园的生产是间接性的，因其主要为出口金银的矿区和城市这类地区性市场服务，但种植园生产则是直接为出口市场服务。此外，由于对资本、土地、技术等生产要素的要求

---

① 韩琦：《拉丁美洲经济制度史论》，中国社会科学出版社，1996，第 149 页。

更高，种植园的资本主义化程度较之大庄园也要高一些。

实际上，无论是大庄园还是大种植园，两者的性质均是一样的，即"榨取型"土地制度：通过对当地土地资源的占有，进而剥削无地或少地的当地土著居民或者黑人奴隶，并最大限度地将所获财富输送回母国；当西班牙人以及葡萄牙人的殖民时代结束之后，拉美地区的发展并未获得任何实质性的长进。西、葡两国在其美洲殖民地的经济目标是掠取现成的财富，它们并不注重调动劳动者的生产积极性，这与当时来自英国的北美开拓者形成鲜明的反差，因此并不能给拉美地区带来持续的生产力，只留下一片狼藉以及无法逆转的贫穷与苦难。

第三节　制度演化与路径依赖

在西属拉美，到 18 世纪中叶，随着宗主国贸易垄断政策的放松、移民的增加、矿业经济的复兴、城镇人口的增长，大地产曾出现了发展的高潮。但这一高潮很快就被独立战争中断了，只是独立战争并未导致大地产制的变革。直到 19 世纪中叶，大地产制仍然保持了其独立战争前的格局。

首先，在原来人口稠密的印第安人地区，如墨西哥中部、危地马拉高地和安第斯山区等，大庄园与当地的农民村社并存。大庄园通过购买、劝诱、欺骗和掠夺等手段，占据了村社的大量肥沃土地。但是，土地往往与村社和占耕农的土地互相交错，并无明显界限。许多大庄园一方面为本地乡镇城市生产，积极参与地区市场经济；另一方面又时常以前资本主义生产形式使用劳动力。经营庄园的主要目的是赚钱，庄园刻意追求许多基本消费品的自给自足以减少购进商品方面的货币支出，降低劳工的成本费用。此外，在原来地广人稀的地区，如墨西哥北部和智利中部，大庄园占统治地位，并且成为当地的社会、经济和文化中心。许多庄园都有自己的小教堂、商店、学校及其他服务设施，内部俨然是一个繁忙的小型社会。

19 世纪 50 年代之后，尽管地区之间、阶级之间和派别之间仍不时出现争端，但拉美各国政局趋于稳定，各国将注意力日益转向发展经济。在这个时期，外国资本加紧了向拉美的渗透，特别是英国很快成为拉美经济的实际控制者；19 世纪后半叶拉美对外贸易额每年超过 10 亿美元，并且 1870 ~ 1884 年增加了约 43%；1850 ~ 1900 年拉美人口翻了一番多，总数从 3050 万增至 6190 万，1900 ~ 1930 年又增加了 68%，达到 1 亿人以上。人口的迅速增加导致了高速的城市化，时至今日拉美的城市化率仍然很高，平均达到 60%。另外世界银行的数据显示，2015 年，拉美地区的城镇化人口比例为 78%，分别高出世界平均水平（54%）以及最不发达国家该项比例（32%）24 个百分点以及 46 个百分点。

独立之后，拉美的大地产制发生了一些深刻的变化。首先得益于国际市场对农业产品的急剧增加以及国际国内交通的改善，大地产制在拉美大多数地区呈现了巩固和扩大的趋势。其次随着外国资本的深入，外国公司通过购买、租借，甚至武装干涉等方式侵占了大片土地。外国资本在拉美霸占宜于耕种或放牧的土地，利用它们生产出口农畜产品，加速了当地农民丧失土地沦为雇工。自 19 世纪 50 年代拉美各国开始进入国际贸易发展的轨道，拉美的大地产制加强了同国内外市场的联系。拉美各国按照各自出口的初级产品大致可划分为矿产品出口国、热带农产品出口国和温带农产品出口国。

但是，殖民地时期所形成的土地制度性质却并未发生变化，依然是"榨取型"特征占主流。究其原因，首先，新大陆的大地产所有者，并不把土地看成农业生产最重要、最基本的生产资源，也没有利用大面积连片土地的优势进行机械化、规模化的生产经营，以提高土地的生产效率和农产品产量。相反，他们只是把占有超大面积的土地看成炫耀自己显赫权势和社会声望的资产。许多大地产所有者占有大量的土地，但是经营范围很小，种类也非常少。从中可以看出，大地产所有者和大庄园主更看重的是土地的资产价值，他们期望在工业化和城市化进程中土地资产可以大幅升值，而不注重提高所占有土地的农业生产效率和农产品产量。因而，在拉丁美洲的不少国家中，与小庄园相比较，大庄园的大部分耕地更多的是疏于耕作或直接被荒芜。

其次，大庄园中劳动人民的被剥削地位严重地压抑了他们耕作的积极性，消极怠工成了一种普遍现象。这一方面降低了大庄园的农业生产效率，减少了农产品产量，同时又提高了农业的监督和管理成本。因而，拉美国家的大土地所有制和大庄园经营模式，并不像其他国家那样能够有效促进农业生产效率的提高和农产品产量的增长。1980～2000 年的 20 年，实行自耕农所有制和家庭农场模式的东亚和太平洋地区的粮食产量增长了 150%，年均增长 7.5%；而实行大土地所有制和大庄园模式的拉丁美洲和加勒比地区粮食产量仅增长了 60%，年均增长仅在 3% 左右。[1]

在独立后的一个世纪里，土地高度集中的现象基本没有变化，而100 年之后土地集中的现象尤为加剧。事实上，19 世纪 20 年代实行私人所有制的土地只是 1914 年实行私人所有制土地的一小部分。[2]此外，数个世纪以来，印第安人村社一直实行土地共有制，此时将私人占有制引进村社，造成了小地产制和类似欧洲许多国家的耕地农

---

① 刘雨：《土地制度安排中的平等与效率问题研究》，硕士学位论文，陕西师范大学，2012。
② 〔英〕维克托·布尔默-托马斯：《独立以来拉丁美洲的经济发展》，张凡等译，中国经济出版社，2000，第 111 页。

制。有些印第安人村社在经历这种转让后得以保存下来，但通常主要受益者是拥有信誉和政治影响的大地产主。例如，萨尔瓦多和危地马拉的许多大地产主就是从 1870 年公社土地转让中发迹的，当时的自由派决心大力推广咖啡种植。①

在这个时期，对教会土地的剥夺为消除高度集中的土地所有制提供过机会。在墨西哥，1857 年贝尼托·华雷斯进行的自由主义改革中有个特定的目标，即通过将教会土地分配给少地的农民，从而鼓励小地产农业的发展。但是，这场改革的目标因大地产主的激烈反对而几乎完全落空。② 进入 20 世纪，墨西哥作为土地集中程度最高的国家之一闻名于世。1910 年墨西哥的人口普查表明：1.1 万个大地主（仅占人口的 0.1%）控制了 57% 的土地。同样，在厄瓜多尔，19 世纪末国家剥夺的教会土地并没有分配给农民，只有那些有相当地产的人才有资格获得土地。

地主阶级影响国家改革目标的实现，这有助于加强 19 世纪拉美地主阶级与土地所有制息息相关的政治权力。毫无疑问，地主阶级会尽一切可能地运用国家权力来加强其特权地位，也就不时地行使政治权力。独立至今，拉美地区的整个农业，尤其是出口农业，仍然由地主阶级控制。边疆地区新土地的开拓、公开出售，靠近村庄的公共土地的分配，都加强了承袭殖民地时期的传统的土地占有制。即使将大地产置于一个高度透明和活跃的土地市场上出售，也不能改变土地高度集中在少数人手中的局面，因为大地产通常是整体出售而不会分割。③

---

① 〔英〕维克托·布尔默－托马斯：《独立以来拉丁美洲的经济发展》，张凡等译，中国经济出版社，2000，第 112 页。

② 〔英〕维克托·布尔默－托马斯：《独立以来拉丁美洲的经济发展》，张凡等译，中国经济出版社，2000，第 112 页。

③ 〔英〕维克托·布尔默－托马斯：《独立以来拉丁美洲的经济发展》，张凡等译，中国经济出版社，2000，第 114 页。

尽管大地产制是一种能够对瞬息万变的世界市场形势做出迅速、灵活反应的单位，如大片的闲置土地为以市场需求为导向而调整生产提供了极大的灵活性；但是促进大地产制的政治特权也常常影响到财政制度，如怂恿政府用累退的进口税代替可能累进的土地税。地主阶级行使政治特权，导致对生产要素市场的操纵，并控制了国民收入中的租金份额。以上现象就是明显的"榨取型"土地制度特征：大地产制的经济政策正是由当权者或者说是被大地产主所游说的统治者或精英人物所制定出来，他们通过各种垄断权和市场控制掠夺生产者，其结果便是生产性激励的不足。

从这些表象看，土地制度的"榨取型"特征已经表露无遗。而这些特征一旦形成，想要在短时期内改变，则难上加难。根据路径依赖的基本观点，这些特征会一直存在，直到重要的因素产生。

如前所述，19世纪50年代至20世纪初，拉美的传统大地产制发生了重大变化，但大地产制的技术要素变化不大，大地产制并没有取得资本主义生产方式的胜利。究其原因，主要还在于殖民地时期所形成的土地制度的"榨取型"特征，从而导致拉美各国的经济发展具有强烈的依附性。它们向中心国家出口农矿产品和原料，换回工业制成品，却没有积极发展本国的工业，从而既不能向大地产制提供技术力量，又不能吸收农村剩余劳动力。与此同时，由于拉美的农民并没有像英国农民那样被剥夺得一无所有，而是成为半自给自足的生产劳动者和短期出卖劳动力的"小农"，因此大地产制缺乏内部变革的冲动，大地产主可以通过增加劳动力的投入和劳动强度来增加生产，而不必花更多的时间去进行农业技术改造和实行农业机械化。这样，大地产制的转变过程注定是缓慢和曲折的。

19世纪末20世纪初以来，伴随拉美工业化、城市化和现代化的发展，大地产制日益成为现代化发展的障碍，农民阶级、工人阶级和资产阶级均要求变革传统的大地产制。从那时起至今，拉美的土地改革大致可以分为四个阶段：1915~1940年墨西哥的土地改革；20世纪50年代危地马拉和玻利维亚的土地改革；20世纪60年代广泛的土地改革；20世纪60年代末和70年代智利、秘鲁、尼加拉瓜的土地改革。

拉美的土地改革运动至今尚未结束，尽管绝大多数国家参与了这一进程，但各国的发展很不平衡。首先，土地改革的进展不理想，由于拉美各国（除古巴）的土地改革均属于自上而下的资产阶级改良运动，因而具有很大的局限性。其次，有些国家虽然实施土地改革，但由于片面追求发展工业，对农业重视不足，因此农业发展甚至发生了衰退。还有一个重要原因：大部分国家的土地改革以分配无主荒地为主，以征收大地产的土地为辅。因此，从本质上来说，土地占有高度集中的状况并没有获得多少改善。比如，巴西1980年统计，仅占农户总数0.94%的、占地在1000公顷以上的大地产主拥有的土地面积，由1970年占注册土地总面积的39.5%上升至45.1%，而同期占农户总数81%的、占地50公顷以下的小农户所拥有的土地由15.4%下降至12.6%。

因此，独立后的国家仍保存着殖民地时期经济的一些重要成分，与种植园、大庄园、小农庄、印第安人公共土地等有关的土地占有制没有发生什么变化。甚至一些刚独立的国家，如阿根廷，在大规模授予土地时，往往采用殖民地时期的方式。一些退役的老战士因服过兵役而得到一小块土地作为奖赏，但这些小块土地对传统的土地占有制不足以形成威胁，传统的大地产制延续至今。事实上，拉美独立运动的胜利并未完成社会革命的任务，只是更换了拉美地区的实际统治者，新生的土生白人统治阶级把新生的共和国政权继续作为阶级与种族压迫的工具，把维护本阶级的利益与实现真正的民族解放对立起来，使殖民地时期形成的许多不平等制度长期延续了下来。

小　结

　　大庄园的兴起，改变了原有的土地占有关系，大片土地从印第安村社转入西班牙殖民者手中。随着失去土地的印第安人流入西班牙社会，定居于庄园和城市地区，社区结构模式也发生了变化。印第安社会进一步瓦解，殖民者将一整套中央集权"榨取型"的统治机构完全地建立在了拉美土地之上。对殖民者来说，拉美大地产制的形成适应了当时西班牙殖民者掠夺土地，并依靠土地进行殖民侵略的需要，对当地的土著百姓以及被贩卖而去的非洲黑奴进行了残酷的剥削，广大印第安人被迫离开自己的家园而在大庄园主的农场里辛勤劳动以维持基本的生存需求。土地制度的这种二元结构，不仅是拉美农业生产体系的核心内容，也是整个拉美地区社会经济、政治组织的基本特征。独立之后，大地产主同大工商业者的联盟构成了社会上的特权阶层，左右着拉美国家的政治权力，成为一股阻挡社会变革的顽固势力。

　　本章通过对拉美殖民地时期土地制度来龙去脉的梳理以及对其构成的经济分析，充分说明了这种制度的存在和发展给拉美社会的发展造成了严重后果，这也成为拉美各国长期贫困落后的重要根源。在这种制度的安排下，土地高度集中、劳动生产力低下、贫富分化加剧、国内市场萎缩、超经济强制的剥削方式阻碍了劳动力的自由流动与资本主义关系的发展，以致严重影响了各国的工业和现代化进程，使拉美国家长期处于依附的落后农业国地位。

第三章
劳工制度

> "印第安人奴隶制——这是一种罪恶的制度，它永远被印第安人所诅咒！"
>
> ——韩琦，《拉丁美洲经济制度史论》

在秘鲁、玻利维亚、厄瓜多尔、危地马拉等具有强烈印第安人色彩的国家至今仍然能够看到一些印第安文化特征。西班牙人和葡萄牙人到来之后，同当地印第安人相融合，同时又输入了大量来自非洲的黑人，美洲文化由此接收到了大量来自外界的文明。

独立以后的拉美地区，尽管在 19 世纪里内战仍然频频爆发，但从一个侧面反映了中等阶级的成长，这一阶级总体上受到了民族主义、自由主义和稳健共和政体思想的启发。在 19 世纪后期，欧洲劳动者的移居又加强了民主传统，因为他们虽然空手到来，却不是空头空脑。[1] 这些欧洲劳动者作为欧洲专制政治的受害者，许多人都是为自由而斗争的老战士。他们秉承着一切欧洲人的传统来到这个新世界寻求自由。

在以上意识形态的基础上，拉美地区是第三世界国家中较早制

---

① 〔美〕艾·巴·托马斯：《拉丁美洲史》，寿进文译，商务印书馆，1973，第 10 页。

定工厂法和劳工法的地区。在 20 世纪初，拉美地区一些经济发展水平较高、工业化起步较早的国家就开始了在工作时间、最低工资、夜班和限制童工工作时间等方面的劳工立法。著名的墨西哥 1917 年宪法（尤其是第 123 条），被认为是那个时代最先进的社会法典，① 此后也成为许多拉美国家相继制定相关法规的基础模板。20 世纪 60 年代，工会组织在巴西和阿根廷等国已是全国性的组织，它可以对本国有关工资水平的决策施加影响。拉美国家也是对劳动者保护程度较高的国家，这些国家对劳动者的保护甚至影响了其他国家对拉美地区的实际投资。在每一个拉美国家，包括最为重视改革的智利在内，雇用新工人的程序都非常烦琐，而解雇工人既麻烦又成本高昂。以阿根廷为例，2007 年阿根廷企业依法解雇一名工人平均需要花费 95 周的时间。同样的事情在发达的大宗商品出口国仅需 11 周，在管制甚严的南欧经济体也只需要花费 58 周。难以合法地解雇工人产生的后果显而易见：中小型企业往往选择雇用非正式工人，既不缴税也不参与社会保障。毫无疑问，非正规经济导致该地区的社会指标表现欠佳。

诺贝尔奖得主詹姆斯·赫克曼和西班牙经济学家卡门·佩奇斯详细研究了拉美劳动力市场的运行。他们得出的主要结论是，拉美劳动力市场的管制鼓励使用效率低下的生产技术，加剧了不平等。他们的结论表明，拉美国家与就业保障相关的成本显著高于经合组织中的许多发达国家。赫克曼和佩奇斯发现，在拉美和加勒比国家中，20世纪 90 年代末遣散费成本最高的是秘鲁、哥伦比亚和厄瓜多尔，最低的是加勒比国家。拉美平均遣散费成本相当于 2.46 个月的工资，而在发达的经合组织国家，这一成本仅为 0.8 个月的工资。

严格的管制使很多潜在的外国直接投资者望而却步，例如企业

----

① 刘沅：《拉美国家的劳工立法改革初探》，《拉丁美洲研究》1997 年第 6 期。

无论经营状况如何，都不得不为那些生产效率低下的工人发放工资。拉美国家非正规的或者地下劳动力市场的规模也远大于其他国家。世界银行的研究显示，拉美超过50%的劳动力在非正规部门就业，该占比的取值从智利的32%到玻利维亚和秘鲁的70%。2008年全球金融危机也表明那些经济结构尤其是劳动力市场更具弹性的国家能够更好地应对重大的冲击和动荡。① 基于此，对拉美地区劳工立法的基础——劳工制度的起源、形成及其发展趋势，有必要做出清晰的阐释。

在殖民地时期，对殖民者来说，只有同时占有印第安人，土地才具有价值。所以，早期殖民制度的中心问题就是采取何种方式来奴役印第安人，也涉及劳工制度的问题。最初，殖民者任意驱使印第安人为奴，印第安人奴隶制成为广泛使用的一种劳工制度。殖民者强迫印第安人淘金开矿、种地放牧，最大限度地压榨当地的土著居民。劳累和疾病致使印第安人的人口数量锐减。此后，西班牙殖民者改变了对印第安人的奴役和剥削方式，经历了最初的混乱状态后逐渐走向制度化，先后大体经历了三个发展阶段：委托监护制、劳役分派制及债役农制。

第一节　制度起源与形成

哥伦布发现美洲新大陆的重要意义在于结束了美洲的与世隔离状态。1492年之前，美洲是一个"秘密的文化实验室"②。美洲文化

---

① 〔智利〕塞巴斯蒂安·爱德华兹：《掉队的拉美——民粹主义的致命诱惑》，郭金兴译，中信出版集团，2019，第103~104页。

② 〔美〕艾·巴·托马斯：《拉丁美洲史》，寿进文译，商务印书馆，1973，第12页。

起源的时间，一般最为接受的时期是 10000 年至 25000 年以前。相信
土著美洲人可能有 25000 年历史的人，其论据之一是：南北美洲印第
安人的语言变体繁多，有 160 种语别和 1200 万种方言。显然，这许
多语言的发展所需的时间是非常长的。此外，美洲的印第安人比整个
高加索人种呈现了更为多样的特征，这可以作为论据之二，因为即使
25000 年也不足以造成这样广泛的差别。而大量的史事证明，当印第
安人踏上这片美洲土地之时，"土地的耕作和社会制度的创立早已经
历过长时期的演变了"。[①] 1492 年哥伦布到达之前，印第安人除了有
一打以上的野生粮食与植物之外，已经栽培了 20 类以上不同的粮食
作物，其中玉米就有 700 多种。这些作物的存在证明了当地农业技术
的长期发展。美洲印第安人就在这个基础上建立了拉丁美洲三大文
化：玛雅文化、阿兹特克文化以及印加文化。玛雅人充分表现了古代
美洲人的智慧，在文字、数学、天文历法和建筑方面的成就令世人惊
奇；阿兹特克人崇尚武功，以此建立了强大的军事帝国；而印加帝国
凭借管理才能在安第斯高原以及之后的世界中闻名遐迩。西班牙殖
民者到来之后，殖民活动的彻底性反映在等同的社会成分从西班牙
移植到拉美地区。几百万名印第安人和一个全新的社会集团即混血
种人都没有改变反而被套进这个社会结构，这证明了西班牙在其美
洲殖民地留下了深刻的烙印。

　　总体上，新大陆上的人种分为半岛人、土生白人、印第安人、黑
人以及欧印混血种人、黑白混血种人和其他集团。

　　半岛人是站在这个社会金字塔顶端的人，是国王派来统治殖民
地的王家官员。在正常情况下，他们独占所有主要的职位，不仅支取
薪金，还常进行勒索与欺诈，并以在土地、贸易和商业上的违法投资
来增加收入。据估计，在 300 多年的殖民地历史时期，在 170 名总督

---

　　① 〔美〕艾·巴·托马斯：《拉丁美洲史》，寿进文译，商务印书馆，1973，第 17 页。

以及 602 名将军和院长中，只有 18 名是土生的美洲人，即土生白人。在同一时期，在被任命担任主教的 769 人中，只有 100 多名土生白人。

土生白人在这个社会结构中仅次于半岛人，他们是在美洲出生的西班牙人。土生白人的经济基础各式各样，有在征服期间接受了农业、矿业和畜牧业土地的地主，有接受了贵族爵位的人，还有些人直接来自西班牙贵族集团本身。此外还有在政府、军队和教会中担任较低级职务的生活比较寒微的人，以及自由职业者，如医生、律师和工程师，还有些人则是商人、贸易家和工业家。在 18 世纪后期，土生白人是殖民地民团中的主要官员，也是独立运动的主要领导者，更是独立后的实际统治阶层。

印第安人，要比拉丁美洲任何其他集团更为重要。他们在社会上的基本任务就是生产粮食。在委托监护制和其他强制劳动下，印第安人在殖民者残酷的压榨下损失了大量人口。仅以被征服以来的 40 年计算，由于西班牙人所犯下的地狱般罪行，"使 1200 万无辜的印第安人惨遭杀害，实际上，我个人认为，足有 1500 万人死于无辜"。①

黑人，像印第安人一样，是农业劳动者，而且是奴隶劳动者。因为印第安人口的大量损失而补充，后来成为种植园的主要劳动力。大量和廉价的黑奴是种植园经济的支柱。黑奴贸易的发展解决了种植园劳力的难题。1700 年之前，巴西输入的黑人奴隶最多；17 世纪上半期每年进口约 4000 人，下半期增至每年 7000 人；到 18 世纪最后 20 年，巴西依然领先，每年输入约 2 万人。从 16 世纪初期至 19 世纪中期，输入拉美的黑奴约为 700 万人，占到整个美洲黑奴输入量的 2/3。

从根本上说，独立之后的拉美社会结构是围绕三个集团运行的。

---

① 韩琦：《拉丁美洲经济制度史论》，中国社会科学出版社，1996，第 27 页。

半岛人在拉美独立之后就回到了西班牙或者归并到各自所在国家的人口中去了。剩下来占支配地位的社会集团，就是富裕而享有特权的阶级——征服者的后裔以及其他发财致富和获得了由法律给予保障的特权阶层，此为第一集团。第二集团是没有特权和财富的阶级，由印第安人、黑人、欧印混血种人和其他混血集团组成，是殖民地农业劳动和无产者劳动的主体。第三集团则是在殖民地社会结构内部成长起来的中等阶级，来自以上所有集团。

西班牙人和葡萄牙人到达拉美地区后，劳动力市场不断发展，但总体上来说是强制性的，没有自由的雇佣劳动力，即使独立时期亦是如此。种植园里通常是奴隶在劳动，古巴和巴西直到19世纪80年代末才最终废除奴隶制。大庄园的劳动力供应则往往依靠债役农制和反流浪法。一些矿山依靠雇佣劳动，还有一些矿山仍依靠米达制。

对土著人来说，欧洲人的到来是一场浩劫。据保守估计，1500年土著人口大约为5700万人，到了1750年，锐减至大约500万人。绝大多数土著人死于欧洲人携带到美洲的各种疾病，如天花、麻疹、流感和伤寒，土著人对于这些疾病几乎没有任何抵抗力，其他则死于战争、奴役和虐待。

虽然出现了土著人人口锐减的情况，但南北美洲受到的影响不尽相同。在墨西哥，土著人口减少了90%多。17世纪20年代，墨西哥土著人口达到历史最低点，为75万人。在安第斯山脉，1718～1720年爆发的一场流行病让土著人口减少至不足60万人。17世纪中期之后，人口出现反弹，1800年墨西哥土著人口达到350万人，安第斯山脉的土著人口达到200万人。虽然西班牙人在过去的三个世纪里不断向拉美地区移民，但土著人口依然占到被殖民地区总人口的3/5，并且混血儿占到1/5。剩下的1/5人口是相对富裕的白人，他们是殖民地的统治者。对于这些地区的长期发展而言，这样的种族结构和经济结构具有极大的负面影响。

第二节 制度分析与性质界定

拉美殖民地时期的劳工制度共经历了印第安人奴隶制、委托监护制、劳役分派制以及债役农制等几种主要形式。这几种方式尽管形式上有所差别，但总体上以"榨取型"为基本特征，均是对拉美地区土著以及贩卖而来的黑人奴隶的残酷剥削与掠夺。在奴隶输入国，管理奴隶的格言是："最有效的经济，就是在最短的时间内从当牛马的人身上榨出最多的劳动。"①

一 印第安人奴隶制以及黑人奴隶制

西班牙殖民者到达美洲后，最初没有发现金银矿藏和有利可图的农产品，于是猎取土著并进行贸易是当时这些殖民者可以快速获利的最佳选择。与此同时，伴随大地产制的逐步形成，只有在占有土地的基础上同时占有印第安人，土地才能被榨取到最大价值。

美洲的印第安人奴隶制和奴隶贸易最早是在哥伦布第二次远航美洲时开创的。而在加勒比和拉美大陆的部分印第安人社会中，西班牙人到来之前就已经存在"奴隶制"传统了。由于部落之间的战争所俘获的俘虏往往沦为奴隶，而部落内部的小偷、强奸犯、偷猎者等也经常被贬为奴隶，这种习俗客观上为西班牙人实行和发展印第安人奴隶制提供了方便。

当西班牙人的征服活动深入到拉美内陆后，奴隶制也得到进一步推广。除通过战争将印第安人变为奴隶的通常做法外，殖民者偶尔也购买那些已是奴隶的印第安人。在西班牙殖民者的压力之下，土著

---

① 《马克思恩格斯全集》（第 23 卷），人民出版社，1997，第 296 页。

酋长有时还会将自由印第安人变为奴隶，那些反抗西班牙人统治和抵制基督教福音传播的印第安人更是被贬为了奴隶。这些印第安奴隶一般被用于矿场、农场和城市手工工厂的劳动中。

哥伦布最初是想建立美洲和欧洲之间正常的奴隶贸易，以补充西班牙奴隶的不足，但是印第安人不堪忍受从美洲到欧洲长途航运的折磨而大量死亡。此外，印第安人实际上既不适应西班牙的气候，又无力承担那里的繁重体力劳动，对殖民者来说这项奴隶买卖无利可图。于是在欧洲拍卖印第安人奴隶的活动不久就停止了。但是，在美洲本土，由于西班牙殖民者的种种暴行造成印第安人奴隶的大批死亡和逃亡，殖民者的矿场和种植园急需补充新的劳动力，因此掠卖印第安人奴隶的行径有增无减。

该项制度客观上促进了拉美殖民地的早期开发和欧洲资本的原始积累，但它却给印第安人带来了空前浩劫和惨痛灾难。圣胡安岛和牙买加岛曾是两个极为富饶美丽的大岛，从 1509 年西班牙人登上岛屿至 1542 年，岛上的土著由 60 万人减少到不足 200 人，[①] 变成一片废墟。1540～1570 年，印第安奴隶是巴西蔗糖的主要生产者，在东北部约占劳动力的 4/5；在里约热内卢的糖厂中则几乎全都是印第安人。奴隶主们通过从印第安人部落购买或靠直接掳掠而得到这些奴隶，有时还通过引诱自由的印第安人为挣工资而劳动，然后将他们变为债役奴。但巴西的印第安人奴隶制不久就衰落了，这主要是因为瘟疫流行造成印第安人大量死亡，种植园主纷纷转向了黑人奴隶制。据统计，从 1492 年征服开始后的短短 40 年内就有 1200 万名无辜的印第安人惨遭杀害。[②]

1542 年，为了遏制殖民者对印第安人的进一步"迫害"，国王

---

① 韩琦：《拉丁美洲经济制度史论》，中国社会科学出版社，1996，第 16 页。
② 韩琦：《拉丁美洲经济制度史论》，中国社会科学出版社，1996，第 27 页。

颁布"新法"，旨在保护原住民，即当地的印第安人，使其从征服者的管辖中豁免，进而接受国王的直接管辖。至 1600 年时，至少就法律而言，国王大体上实现了上述目标。然而，事实上，改变的仅是压迫的法律形式，而不是压迫持续存在的事实。对墨西哥中部最可信的研究显示，1519 年，该地区人口为 1600 万至 1800 万；1580 年时，人口仅为 190 万，而 1605 年时则为 100 万，总计下降了约 95%。[①]

为了弥补印第安人口的下降，西班牙殖民者开始从非洲贩入黑人奴隶。从成本上来说，输入黑人奴隶对当地的地产主来说也更有利可图。尽管殖民地时期葡萄牙人并不像西班牙人面对具有高度组织性的定居土著文明，但是葡萄牙人对印第安人的剥削也实际持续至 18 世纪前。正如墨西哥和秘鲁一般，伴随葡萄牙人到来的毁灭性欧洲疾病很快就摧毁了巴西的印第安人，因此葡萄牙殖民者为了充足的劳动力也不得不输入黑人奴隶。而此举在西班牙、葡萄牙及其所在的大西洋岛国已经司空见惯了。自 13 世纪中叶开始，葡萄牙商人一直从巴巴里海岸向葡萄牙输入黑人奴隶；在 15 世纪，由于葡萄牙人渗入几内亚沿岸而提供了新的来源，黑奴在伊比利亚半岛的人数剧增。葡萄牙商人有效地垄断了该项贸易，自 15 世纪 60 年代起加紧向西班牙市场提供黑奴。16 世纪 60 年代，塞维利亚总人口约 10 万，当时有奴隶 6000 人，其中大部分为黑人。1518 ~ 1870 年，西属美洲引入了 150 多万名黑奴——超过了大西洋黑奴交易总数的 16%。巴西的大种植园以雇用黑人奴隶为主，大约引入 370 万名黑奴。[②]

---

① 〔美〕托马斯·E. 斯基德莫尔等：《现代拉丁美洲》，张森根等译，当代中国出版社，2014，第 21 页。

② 〔美〕托马斯·E. 斯基德莫尔等：《现代拉丁美洲》，张森根等译，当代中国出版社，2014，第 22 页。

由于种植园事业只有靠低成本劳力才能维持下去，因此种植园内的奴隶制被强制实施。每个种植园和地区都倾向于单一作物专业化和粗放农业，但却以耗尽地力和牺牲劳工生命为代价。正如乔治·华盛顿谈到美国时所说："我国农夫的目的并不是就其所能从土地得到最大的收益，因为土地是廉价的或向来是廉价的，而是从劳工得到最大的收益，因为劳工是昂贵的。"[①] 种植园事业的一大部分利润——通过奴隶贸易供应劳工以及出售蔗糖及其糖浆副产品和朗姆酒——都被欧洲宗主国的商人和金融家赚取，或者汇寄给身居海外的遥领业主。虽然契约奴在开始时远比黑奴重要，在某些地区的人口中占到4%，奴隶制却在18世纪得到了快速发展。[②]

二　委托监护制

委托监护制是殖民地时期同印第安人奴隶制并存的另一种重要的劳动制度。为激励和报偿征服活动，同时也出于使王室集权化的愿望，1503年西班牙女王伊莎贝拉批准新任都督奥万多在埃斯帕尼奥拉岛（今海地）上建立了监护制。该制度的主要内容为：印第安人以区域即村社或市镇为单位，由被委托的白人殖民者"监护"。"监护主"有权在自己的监护区内征收贡赋和征用印第安人服劳役，同时负有教化当地土著皈依天主教的职责。具体来说，委托监护制为印第安人确立了三项法定义务：提供劳役；缴纳贡税；接受教化，皈依天主教。事实上，宗教活动始终与殖民征服活动相伴而行。由一个或几个村社组成的监护区，往往也是殖民地教会的一个教区。监护区一

---

① 〔德〕安德烈·冈德·弗兰克：《依附性积累与不发达》，高铦、高戈译，译林出版社，1999，第58页。
② 〔德〕安德烈·冈德·弗兰克：《依附性积累与不发达》，高铦、高戈译，译林出版社，1999，第61页。

般设有固定牧师，或者聘请巡回牧师教化印第安人。①

到 16 世纪中叶，这一制度在殖民地得到迅速推广。监护主所拥有的印第安人数，因人因地而异，有的远高出 300 名的法定最高数目，例如在 1535 年，墨西哥谷底的 30 名委托监护主平均每人拥有 6000 名印第安人。②

这一制度具有两个重要特点：其一是监护主不享有对所授予监护区的土地所有权，村社和印第安人仍保留自己对土地的权利；其二是在委托监护制下维持原有的土著社会结构，保留土著酋长的传统地位和权力。③ 从这两点可以看出，委托监护制的实施，正是国王和殖民者相互妥协的产物。通过该制度，王室确保了自身对殖民地的控制和贡税收入，同时也在相当程度上满足了殖民者的要求，对他们做出了让步，在国王和殖民者之间实现了利益上的某种平衡，据此确立了殖民地的统治秩序。

半个多世纪之后，委托监护制最终走向了衰落。其衰落的原因，一是监护主势力的不断膨胀对王权统治的威胁致使王室几次下令对其进行修正直至取消；二是 16 世纪下半叶印第安人口的急剧下降，使该制度失去了以无偿使用印第安劳动力为基础的体制特征。1720 年，西班牙王室最后下令取消委托监护制，此时它在大部分地区也已经名存实亡了。

委托监护制在推进美洲殖民化的过程中起到了特殊的重要作用。它的推行不仅使得由于殖民征服而分崩离析的印第安社会重新归于西班牙人的统一控制之下，有助于殖民地从混乱的军事征服行动转向制度化的统治；更为重要的是，它确立了西班牙人对印第安人的奴

---

① 林被甸、董经胜：《拉丁美洲史》，人民出版社，2010，第 71 页。
② 林被甸、董经胜：《拉丁美洲史》，人民出版社，2010，第 72 页。
③ 林被甸、董经胜：《拉丁美洲史》，人民出版社，2010，第 72 页。

役关系，使殖民者得以在新土地上永久定居下来，从而为在美洲大陆建立殖民地的新模式奠定了基础。作为西班牙在美洲最早实施的殖民制度，委托监护制为商业殖民地向移民殖民地的转化，并最终形成"拓殖榨取型"殖民地，在制度上提供了最初的可行模式。①

三　劳役分派制

由于委托监护制中人身劳役的内容被废除，殖民地经济的发展要求建立新的劳动力制度，因此 1550 年后，在墨西哥中部和安第斯高原，出现了一种新的劳动制度：劳役分派制。在秘鲁，这种制度被称为米达制。按照这种制度，每个印第安村庄有责任隔一段时间就拨出部分强壮男性居民去劳动。每个劳动小组为其雇主工作一段时间，从一周到四个月或更长时间。印第安劳动力由此可以得到一份微薄的工资，以便回到自己的村社维持基本的生活支出。与此同时，一支以同样方法征募和指派的新队伍接替他们的工作。这种制度在印第安人数日益减少的情况下，可以使劳动力得以更有效的利用。

尽管这种制度在不同地区存在很大的差异，但劳役分派制在墨西哥中部主要承担着向农业提供劳力的任务。1549 年，西班牙国王下令废除委托监护制下的个人劳务，1550 年指示新西班牙总督贝拉斯科建立印第安人受雇于西班牙人必须得到工资的制度。1568 年以后，这种制度成为普遍性制度，一直持续到大约 1630 年。根据此制度，在一年的大部分时间里，每个印第安村庄被迫提供能干活劳动力的 2% ~ 4%，在除草和收割季节则要提供 10% 的劳动力。在秘鲁，米达制是早期的矿业、沿海种植园、道路的修建和维持的主要劳动力来源。在基多和图库曼，该制度为当地纺织工厂提供了主要劳动力；在中美洲，则为小麦和靛蓝农场提供了劳动力。

① 林被甸、董经胜：《拉丁美洲史》，人民出版社，2010，第 73 页。

在一些地区，一直到殖民地末期，劳役分派制一直是动员印第安劳动力的主要方式。秘鲁矿区的米达制、厄瓜多尔纺织厂的劳役摊派制、中美洲农场的摊派劳役制一直延续到 19 世纪。在新西班牙中部，劳役分派制对于农业的重要性大约维持了不到一个世纪。但在北部的新加利西亚，这种制度由于补充了自由劳工，一直延续到 18 世纪初。①

伴随 1576～1581 年大瘟疫造成墨西哥中部地区人口的大量死亡，以及西班牙人对印第安劳动力的灭绝性摧残，17 世纪初印第安劳动力减少至最低点，农业中可以用于分派的劳力越来越少，王室终于在 1632 年下令取消了农业中的劳役分派制，但水利工程中的劳役分派制仍然持续至 18 世纪。

劳役分派制是一种变形的普遍奴隶制。在劳役分派制下，对土著村社社员而言，只是最高统治者发生了变化，由原来的土著中央专制政权变为殖民宗主国的专制政权，他们依旧要在国家强制力量的胁迫下分期分批服役，整个印第安种族变成了被西班牙奴役的对象。之所以说"变形"，是因为殖民当局在这一制度中加进了"工资"机制，但是这些工资并非"按劳付酬"，只是象征性的报酬，其中的大多通过贡税又回到了殖民者手中，土著实际上依然是无偿服役。

劳役分派制的实行产生了重要影响。对殖民者来讲，它取代了由少数人垄断土著劳力的委托监护制，使奴役印第安人的范围扩大至普遍的西班牙新移民和国家部门，有利于高效率地剥削印第安人，从而促进了殖民地西班牙人的经济发展。更重要的是，西班牙人借助劳役分派制生产出了大量金银财富，这些财富又通过西班牙流入西欧，加快了西欧资本原始积累的进程，促进了西欧资本主义的发展。对印第安人来讲，劳役分派制改变了印第安人的生产和生活方式，殖民

---

① 林被甸、董经胜：《拉丁美洲史》，人民出版社，2010，第 75 页。

当局控制了劳动力的配置并强制印第安人进入西班牙人的经济区域进行生产，降低了他们生产自销的能力，增加了对西班牙人产品的依赖性。由此，劳役分派制创造出一种印第安人对西班牙人经济依附的雏形。与此同时，这种制度导致印第安人人口锐减。在整个拉美，土著人口从1500年的4000万降至1650年的1200万。[①] 人口锐减极大地破坏了土著社会的生产力，成为后来印第安人贫困和不幸的重要根源。

四　债役农制

债役农制是西属拉美继委托监护制、劳役分派制之后的另一种劳动制度。它是理解拉美大庄园制性质乃至整个拉美社会性质的钥匙。

墨西哥债役农制产生于17世纪上半期，是随着墨西哥大庄园的形成而出现的一种劳动力制度。在土著人口大量锐减的情形下，西班牙地主纷纷通过诉诸私人雇佣的方式解决劳动力问题。他们越来越转向依赖长期劳动力，并想尽办法以优厚的待遇吸引印第安劳动力。历史上，债务劳力最早出现在羊毛纺织作坊而非大庄园。当时，大作坊中的劳工除罪犯、分派劳力外，主要劳力就是债务雇工。作坊主与印第安人订立合同，载明工资、时间、劳工的权利义务等，然后经法官批准生效。但合同中没有保证合同履行方面的规定，结果有些作坊主把雇工监禁起来，使作坊变成了大监狱，还有些作坊主迫使雇工用预付工资购买作坊商店的日用品、食物、劳动工具而让他们深陷债务危机。作坊中的这种债务雇工制在17世纪初扩展到了西班牙人的地产上，当时墨西哥中部人口大量死亡，但官方的贡税和劳役不减，再加上旱涝、霜冻、饥荒等天灾人祸，致使许多印第安人背井离乡，更

---

① 韩琦：《拉丁美洲经济制度史论》，中国社会科学出版社，1996，第55页。

多人则是住进了附近的大庄园。大庄园主替这些人纳贡，保护他们免受国王和土著酋长的劳力征募，并同他们签订劳动合同，向他们预付工资、衣物、住宅和小块土地。庄园主的家长式庇护和较村社、作坊以及城市贫民窟优越的经济条件使这些印第安人留了下来，他们不断得到庄园主的借贷，一时间又难以还清，于是便成为定居在庄园里的债役农。17 世纪西班牙人地产上可利用的临时劳力很少，债役农成为大庄园中独立于官方控制的稳定劳动力。

进入 18 世纪，情况发生了改变。印第安人口的回升和大庄园的不断兼并加剧了土著村社土地的短缺；西班牙国王通过劳役分派制控制劳力的努力已终止；同时出现大批无权要求获得村社土地的混血种人。所有这些趋势都促进了可利用的临时劳工的出现，大庄园出现了越来越少地依赖债役农的倾向，如在墨西哥谷地，债役农还不到大庄园劳动力的一半。

此外，就债役农负担的债务和所受到的奴役程度来看，各地有很大差异。中部地区的债务水平不高，劳工有讲价的自由和相对的自由。而在北方，因人口稀少、劳动环境恶劣，劳工所承受的体力压迫和债务都要更多一些，对劳工的流动性也有较大限制。在南方，缘于当地村社还拥有较多维持生计的土地，其与庄园经济产生了竞争，这种债务水平就更高一些。

总体而言，通常在人力稀少或土著人生存条件有基本保障而发生劳力供应短缺的地方，债役农制就相对普遍一些，奴役性也更强一些，而在人力充足的地方则是一种自愿的非强制性债役农制，这种债役农往往是庄园劳动力的特权阶层，他们的处境常常要好于佃农、分成农和临时劳工。因此，在他们参加革命的时候，他们的态度也最不坚定，通常会站在庄园主这一边。

就债役农制度本身而言，又分为强制型、自愿型、类似公开奴隶制型等多种类型。马克思在《资本论》中说过这种债役农制是"奴隶制的隐蔽形式"。① 但是，19 世纪出现在墨西哥大庄园的债役农制已经超出了封建主义的范畴，应该做具体分析。事实上有些特权阶层的债役农主要通过领取工资报酬来为大庄园提供劳动，已经属于资本主义性质的范畴。

第三节　制度演化与路径依赖

拉美的独立运动无论是在理论上、斗争方式上还是组织形式上，都在效仿欧美资产阶级革命，但是它们的经济社会和阶级状况具有重大区别。在欧美国家，资产阶级革命是社会内部资本主义经济关系发展的结果，革命是在资产阶级领导下进行的。20 世纪亚非地区发生的资产阶级革命，虽然资本主义经济关系还很不成熟，但它作为一种新经济形式已经确立，资产阶级也开始独立登上政治舞台。

而 19 世纪初的拉丁美洲，资本主义的因素尚相当薄弱，在各国独立的时候并没有形成自己的资产阶级。独立运动是在土生白人地主的领导下进行的。在拉美国家历史上，土生白人上层是一个重要而独特的阶级，既是殖民地社会统治阶级的组成部分，又是拉美独立运动的领导阶级，更是独立后拉美各共和国的统治阶级。这种特殊的身份使其在独立运动的过程中既有坚决与观望，也有激进与保守，致使本该彻底进行的社会革命独立斗争成效甚微。比如，著名的墨西哥独立战争，尽管战线和战时都较长，但由于独立阵营中保守势力的强大，其最终结果并没有摧毁旧的生产关系，人民的生活水平也没有得到明显提高。而且，为之付出了鲜血和生命代价的广大印第安人、黑人及混血种人，更是没有得到多少好处。对他们来说，只是更换了阶级压迫的主人。

---

① 《资本论》（纪念版，第 1 卷），人民出版社，2018，第 196 页，脚注 40。

这样一来，独立革命后政权从欧洲殖民贵族的手中转移到土生白人大庄园主、种植园主阶级手中，而殖民地原有的社会经济结构不仅没有被触动，反而进一步被强化了。在殖民地政治体制下，土生白人地主阶级的权力尚受到一定的制衡与约束，而现在，伴随宗主国的藩篱被打破，所建立的新政权事实上成了土生白人这一阶级的独裁统治。因此，总体上来看，19 世纪的拉美革命，其反封建的民主因素极为有限，独立运动基本上是一场土生白人与母国的分离运动。从制度变迁的角度来看，土生白人统治下的各项经济制度也只能算是对母国原先经济制度的一个改良，而非彻底的改变。独立后各国资本主义的发展十分缓慢，在经济上也没有真正摆脱对欧洲殖民主义国家的附属和依赖。

独立国家中的劳动力市场还对国家政治产生了较大影响。土地占有制和国内资本市场的延续意味着劳工关系和劳动力市场的运作不可能发生巨大的变化。不可能有大规模的移民；阻碍殖民地时期许多活动开展的劳动力短缺现象不太可能消失；而政治权贵中的许多人，特别是那些接受了法国大革命和美国独立革命思想的人，热切主张废除奴隶制以及废除对印第安劳动力所使用的一些强制方式；为独立英勇战斗的那些劳动阶级成员也不允许恢复强制劳动。

劳动力市场只是轻微地发生了变化。奴隶制在有些国家，如中美洲诸国，无关紧要，所以就废除了。而在有些国家，诸如巴西、古巴和秘鲁，奴隶制在生产中起着重大作用，所以就保留了下来。起初废除了人头税，但后来由于印第安劳动者对寻求工资制劳动明显失去了激情，因而就又恢复了起来。米达制总算废止了，但债务劳役制和反流浪法却原封未动，甚至在那些从前未曾实行债务劳役制和反流浪法的边远地区，如阿根廷潘帕地区实行了起来。对墨西哥、危地马拉、秘鲁和玻利维亚这些国家的绝大多数印第安人来说，独立并未带来什么变化。独立后巴西的黑奴境况同西班牙殖民地古巴和波多黎各的黑奴境况相同。

独立之后出现的出口导向增长模式就是以人口增长为背景的。按照国际标准，在 1850～1914 年拉美人口自然增长率较高。然而，出口部门的雇主仍然对当地劳动力缺乏的抱怨十分普遍。因此，当时的出口部门主要是从国内迁徙和国际迁徙中获得劳动力供应的。①

对于国内迁徙来说，整个 19 世纪拉美农村人口占绝大多数。各国的这种状况一直延续到第一次世界大战，只有阿根廷和乌拉圭例外。因此，出口部门面临从农村，主要是从农业部门，吸收劳动力的重任。出口部门是以超平均劳动生产率获得超平均增长的典型，所以根据向上倾斜的劳动力供给曲线，出口部门将提供增加的实际工资。在智利，人们从中央河谷向北部硝酸盐产地及其他矿场迁徙，以希望获得比现有工资更高的收入。在墨西哥，工人从中部和南部迁移到北部牧场和油田，也是受到了高工资的驱动。巴西东北部因棉花和蔗糖生产下降，人们纷纷向外迁徙，这些移民仍受圣保罗咖啡繁荣所带来的高工资吸引。

但是，出口部门的实际工资常常长期不变，有时甚至下降。雇主们极不愿意提供高工资吸引工人。即便有时支付了很高的名义工资，他们也常常同时提高公司经营的商店里商品的价格，迫使工人不得不用高价购买而将其工资赎回。因此，"强制劳动"这一殖民时期劳动力市场形成的鲜明特点到一战前夕依旧存在于许多拉美国家。危地马拉、萨尔瓦多咖啡种植园主以固定或下降的实际成本来保证劳动力；在巴拉圭种植巴拉圭茶的劳动力仅仅在名义上是自由的，但实际状况并不比邻国阿根廷图库曼种植甘蔗的工人好多少。②

一战前拉美的外国籍移民大体分为两类：有选择性的移民以及大规模的移民。有选择性的移民的出现并不意味着会产生一个自由

---

① 〔英〕维克托·布尔默－托马斯：《独立以来拉丁美洲的经济发展》，张凡等译，中国经济出版社，2000，第 102 页。

② 〔英〕维克托·布尔默－托马斯：《独立以来拉丁美洲的经济发展》，张凡等译，中国经济出版社，2000，第 104 页。

的劳动力市场，迁入的工人往往从事专门的行业。例如，中国劳力在秘鲁普遍受雇于糖业和棉花业，在古巴则在甘蔗种植园干活，在哥斯达黎加承担铁路建设。在墨西哥，华工和朝鲜契约工一道从事龙舌兰产业。来自英属西印度群岛的工人则普遍受雇于加勒比盆地的香蕉业，以及修筑铁路和 1903 年后开凿巴拿马运河。古巴蔗糖业使用来自波多黎各的工人，多米尼加蔗糖业甚至到一战前一直按照传统惯例雇用海地工人。拉美许多国家政府也鼓励建立由欧洲移民组成的农业移民区，不过大多以失败告终。智利南部、巴西南部和阿根廷南部的移民区因为各自不同的原因获得了成功，如威尔士移民定居在巴塔哥尼亚高原的动机之一是保存他们的语言。

选择性移民最为极端的例子就是国际奴隶贸易。奴隶贸易旨在提供较多奴隶以抵消奴隶人口较低的增长率，避免奴隶成本上升。这种贸易于 19 世纪 50 年代在巴西、19 世纪 60 年代在古巴最终遭到禁止。由于禁止奴隶贸易，巴西和古巴被迫转向寻求其他类型的有选择性移民来压低工资成本。但是，两国发现即使国外移民也并非总能激发劳动力市场活力，原因均在于雇主有效地垄断了劳动力市场，阻止了实际工资的增长。

大规模的移民并非受到所有政府的青睐。因为有选择性的移民是一个能开能关的"水龙头"，他们可以适应当地的劳动力市场，而大规模移民则需承担一定的风险。比如，移民不愿意在劳动力缺乏的地区工作，会带来"危险的"社会和宗教思想，不愿在经济萧条时离去。即便一国政府赞同大规模移民，事实上也不一定能够获得稳定的居民，因为所提供的激励措施将不得不与美国、加拿大和其他新兴国家相竞争。[1]

---

① 〔英〕维克托·布尔默－托马斯：《独立以来拉丁美洲的经济发展》，张凡等译，中国经济出版社，2000，第 106 页。

拉美的大规模移民仅在阿根廷、乌拉圭、巴西和古巴的部分地区获得成功。到第一次世界大战时，外国出生的人口占到阿根廷总人数的30%；乌拉圭最大的移民团体是意大利移民，他们住在蒙得维的亚，1908年人口普查中移民占人口的17%；巴西在1888年奴隶制废除后采取大规模移民政策，吸引了大量意大利人、葡萄牙人以及日本人到圣保罗定居，然而外国移民从未超过巴西总人口的10%；古巴的大规模移民政策主要是为了补充因战争而大量减少的人口，以及解决蔗糖业中劳动力匮乏的结构性问题，但是当地严重的种族歧视限制了西印度全岛移民的进入，该政策主要的受惠者是西班牙人。

尽管国内和国外的迁徙在一定程度上解决了拉美的劳动力匮乏问题，但这并不是根治的方法。许多大地主为了保证充足的劳动力而又不想提高实际工资，实行了殖民时期业已存在的做法，即向工人提供小块土地以换取他们的劳动。这些工人在智利被称作"佃农"，在安第斯山被称为"垦殖农""契约农""佃户"，在墨西哥被称为"雇农"。由于付给他们的报酬是实物而非货币，且由于信贷提前支付给工人同时债务并不因为债务人的死亡而消亡，所以该制度也是"债役农制"剥削方式的一种延续。

小　结

西班牙美洲殖民地地域辽阔，情况复杂，即使在同一地区，委托监护制、劳役分派制和债役农制这三种制度作为奴役印第安人的基本形式，往往同时存在，相互并用。从委托监护制向劳役分派制再向债役农制的转变，可以视作西班牙美洲劳动制度演化的典型模式。然而，不论形式如何，本质上都是大地产主剥削当地土著以及黑人奴隶的"合理化"借口，对印第安人以及黑人奴隶造成了巨大伤害，也在客观上对当前拉美地区的劳工制度产生了不可消除的制度影响。尽管随着劳工立法的进一步合理化，"榨取型"特征影响有所减少，但剥削的本质并未改变。由于雇主们不愿看到工人实际工资的增长，他们便通过各种方法将收入集中在土地所有者和资本拥有者手中，这种做法同时也削弱了为响应实际工资提高而寻求节省劳动力的技术革新的努力，也就大大削弱了对生产劳动者的有效激励，"榨取型"特征仍然十分明显。

第四章

贸易制度

"对外贸易是增加我们财富和现金的通常手段，在这一点上我们必须时时谨守这一原则，在价值上，每年卖给外国人的货物，必须比我们消费他们的多。"

——〔英〕托马斯·孟①

19 世纪 30 年代大萧条之前，以外贸额占国内生产总值的比例、外资的影响以及与世界资本主义体系的整合程度来衡量，拉美地区可称得上是世界上经济最为开放的地区之一，阿根廷、智利和乌拉圭等国的经济在这一时期获得空前发展。然而，这一外向型开放的发展范式并没有确保拉美国家在提高居民生活水平方面获得持续性成功，也并未改变拉美从殖民地时期继承下来的经济落后状态。殖民地时期，拉美国家由于对宗主国具有重要作用，在贸易方面实行了严苛的贸易垄断制度。时至今日，尽管对外贸易在拉美经济中占有重要地位，拉美国家通过商品贸易与国际市场保持着密切联系，然而其贸易

---

① 托马斯·孟（Thomas Mun, 1571－1641）：英国晚期重商主义的代表人物、英国重商主义的集大成者，其重商主义理论及税收思想集中体现在《英国得自对外贸易的财富》一书之中。该书中的思想不仅成为英国，而且成为一切实行重商主义政策的国家在政治、经济等方面的基本准则。

开放的程度却始终保持在一个较低的水平。拉美各国实行贸易保护的措施与程度均排在世界平均水平之上。究其原因，殖民地时期遗留下来的贸易垄断制度并没有被彻底地改造。

西班牙、葡萄牙殖民者垄断对外贸易，禁止殖民地之间、殖民地和其他地区之间进行贸易，一切贸易必须通过宗主国的港口，还要由宗主国的商船运输。西、葡极力限制殖民地内部经济的发展，在农业上推行单一作物制，凡宗主国能对拉美输入的农产品严禁当地生产；在工业上也禁止殖民地生产宗主国能生产的商品。西、葡对美洲殖民地采取了贸易垄断政策，阻碍了拉美生产多样化和贸易自由化的发展，使该地区进一步依赖初级产品的生产和出口。[1] 欧洲各国占领殖民地，从殖民地获得大量财富，这种积累手段就是垄断殖民地产品和市场，以及垄断母国和殖民地之间的运输利益，而最后一项是由1651 年英国《航海条例》所特别保证的。这种积累完全是靠物理取得的，而且毫无例外，所有各国无不如此。[2]

西、葡殖民帝国所统治的地域，在辽阔的美洲大陆之外，还包括东方亚洲和非洲部分地区。尤其在西班牙兼并葡萄牙的 60 年期间，两个国家在东西半球的百年开拓，全部归属西班牙国王，形成了一个世界历史上规模空前的超大帝国，而这个庞大帝国的维系和运转，在很大程度上依靠的就是贸易垄断制度。

第一节　制度起源与形成

16 ~ 17 世纪，西班牙、葡萄牙和其他欧洲国家的经济政策都以重商

---

[1]　朱红根：《美国与拉美不同历史发展道路的对比与思考》，《拉丁美洲研究》1998 年第 4 期。

[2]　〔德〕马克斯·韦伯：《世界经济通史》，姚曾廙译，上海译文出版社，1981，第 252 页。

主义为指导思想，认为"财富就是货币"，一个国家积累的金银越多就越富有；国家通过多卖少买和贸易顺差赚取金银货币。在重商主义思想的指导下，西、葡等国的经济政策是国家大力奖励本国商品出口，并给予本国商人经营各种商品的专利权，甚至用炮舰保护本国的商船队，发展对外贸易；同时厉行保护关税，限制外国商品的入口，以促成对外贸易的出超，帮助商人贵族赚取金银货币和积累财富。

西、葡征服者到达拉美地区之后，殖民地的经济组织发生了许多变化，原先封闭的经济被强行注入了外来的因素，并且围绕该外来势力进行着结构上的诸多调整。从贸易制度这个方面来说，无论其经济组织结构如何变化，总会受到该时期西方资本主义世界盛行的重商主义诸原则的指导。具体来说，就是利用殖民地生产西、葡等国家不能生产的各种产品，并将剩余产品出售给欧洲其他国家，目的就是保证本国的贸易顺差。西班牙规定：殖民地只能同宗主国进行贸易，不能同别国进行贸易往来；甚至殖民地之间的贸易，也受到严格的限制。在整个南美大陆都没有开放口岸，外国船只只有得到西班牙政府的许可，才能在殖民地靠岸，否则一经发现，全部商品和船只都要被没收。在西班牙同美洲殖民地的贸易中，西班牙本国的大多数商人也无法染指，基本上都由享有贸易垄断权的少数西班牙大商人掌握。殖民地的经济发展，就是这样处在宗主国的高压商业垄断政策的控制之下。[①]

此外，在这个特殊的历史时期，国家的繁荣与资本往往等同于贵金属的积累。西班牙和葡萄牙两国当地的黄金、白银较少，而随着西、葡两国在拉美地区发现了大量黄金和白银矿藏，该时期拉美地区的贸易制度便主要强调重商主义指导下的黄金和银币的积累。

重商主义这一理论对殖民地时期拉丁美洲和伊比利亚半岛各国之间的关系造成了一些特殊影响。这一理论原则上要求拉丁美洲购

---

① 林被甸、董经胜：《拉丁美洲史》，人民出版社，2010，第91页。

买所有从西班牙和葡萄牙进口的商品，将其商品（不包括金币、银币）出口到西班牙和葡萄牙这两个市场，由此产生的有形贸易逆差，则通过向伊比利亚半岛运送黄金、白银的方式填补。贸易逆差越大，理论上讲，西班牙和葡萄牙积累的金、银就越多，以拉丁美洲金矿、银矿的实际藏量为上限。由于同其他国家的贸易会减少同伊比利亚半岛贸易的逆差，所以重商主义学说要求查禁同其他国家的贸易。西班牙和葡萄牙据此对其殖民地强制实施贸易垄断和垄断性购买。而拉丁美洲的商品只要同母国没有竞争，就可以出售到母国，因此拉丁美洲也出口一些诸如烟草和蔗糖这样的热带产品至西、葡两国。

除此之外，有形贸易逆差并不是西班牙和葡萄牙竭力从殖民地榨取金银币的唯一手段。私营业主、殖民地政府和伊比利亚君主对矿产的分配导致了金银币大量流向伊比利亚半岛，从而又增加了贸易赤字。这种赤字只能以金银币的流通来弥补。除矿产税外，其他一些当地的税收所得也要送往伊比利亚半岛。

假设不存在同世界其他地区的贸易，伊比利亚半岛的商品出口，如 500 个单位，等同于拉丁美洲的商品进口，而拉丁美洲的商品出口，如 300 个单位，则等同于伊比利亚半岛的商品进口。其结果是有形贸易差额的 200 个单位有利于伊比利亚半岛。官方净转拨额，如 100 个单位，包括诸如皇家矿产税等在内，使经常项目结余达 300 个单位，而这就得靠拉丁美洲向西班牙和葡萄牙出口金银币来填补了。重商主义对伊比利亚半岛和拉丁美洲之间关系的影响详见表 4－1。

表 4－1　殖民地经济体制

	伊比利亚半岛		拉丁美洲		
	贷方	借方	贷方	借方	
有形商品出口	500			500	有形商品进口

续表

	伊比利亚半岛		拉丁美洲		
	贷方	借方	贷方	借方	
有形商品进口		300	300		有形商品出口
贸易差额	200（顺差）		200（逆差）		贸易差额
政府净转拨额	100			100	政府净转拨额
金银块的进口		300	300		金银块的出口
总差额	0			0	总差额

资料来源：〔英〕维克托·布尔默－托马斯：《独立以来拉丁美洲的经济发展》，张凡等译，中国经济出版社，2000，第28页。

由于金银币的运送取决于矿山生产能力，所以金矿、银矿藏最丰富的地区——新西班牙、上秘鲁、智利和新格拉纳达就备受关注。像危地马拉检审法院辖区这样的其他地区则备受忽视，不得不依靠自身有限的资源而生存。葡萄牙于18世纪在巴西中部（米纳斯吉拉斯）发现了黄金，从而将注意力转移到了那里，这也是将首都从巴伊亚迁至里约热内卢①的主要原因。

这个时期，重商主义理论一直指导着拉丁美洲的经济发展，与此同时也发生了一些西班牙和葡萄牙难以控制的事件。两帝国政府均难以提供殖民地所需的各种商品，必须从欧洲其他地区购买商品，转而出口到拉丁美洲。这不仅增加了运往拉丁美洲的成本，也导致了金银币流出葡萄牙和西班牙，进入与其相竞争的国家和地区。再者，拉丁美洲许多地区由于帝国政府输入的商品价格高昂，从而出现了与英国、法国及荷兰商人之间活跃的走私贸易。

在16世纪中叶之前，世界经济主要是以亚洲为基础的，威尼斯和热那亚的经济成就也以亚洲为基础。这两个城市从它们在亚洲财富和欧洲对财富需求之间的中介地位中获取财富。它们与亚洲的贸

---

① 1960年，巴西政府为了促进地区经济发展，又迁都至巴西利亚。

易从黑海开始，经过地中海东部到了埃及。欧洲人后来为了寻找通往亚洲之路而向大西洋扩张，最终向南绕过非洲到达印度，跨越大西洋到达了美洲。

哥伦布"发现"美洲也绝非偶然事件，原因在于他要寻找东亚的市场和黄金。当时，贵金属货币短缺日益严重，引起非洲—欧亚世界市场的黄金价格上涨，从而使得这种冒险极有诱惑力，而且还可能有利可图。当然，事实证明也的确如此。因此，15世纪的这种强烈"黄金热"正是"地理大发现"背后的动力，最终使得疯狂追求货币的欧洲一头扎入美洲宝库。客观上构成了拉美地区实行贸易垄断制度的根本原因。为了防止已经到手或即将到手的美洲金银财富外流，西班牙君主一方面制定了严酷刑法，一方面在其美洲殖民地实行了如上所述的贸易垄断政策，以使殖民地出产的物品专属西班牙，且只有西班牙才能向殖民地直接输出商品。

第二节　制度分析与性质界定

到1600年，西班牙几乎对整个拉美大陆都加以征服、殖民、探查和占有了。1574年，它已建成了200多个城镇，在这里居住了15万名西班牙人。在新大陆上，西班牙君主建立了殖民政府，组织了有计划的殖民活动，进行了经济开发，使几百万印第安人改信基督教。殖民时代的拉丁美洲发展了政治制度、经济组织和社会结构以及文化生活，这些是西班牙文化和古老印第安文化的混合物。

拉美大陆上的殖民地治理主要依靠两套机构，即在西班牙创立的机构和在殖民地创立的机构。殖民地是西班牙统治者独占的属地，因此强有力的本国君主政体本身就是最高一级机构。它通过西班牙的两个组织发挥作用：西印度院和贸易署。这两个机构实质上就是建立在殖民地的殖民统治机构。

一　西印度院

西印度院的起源及其职责在于帮助哥伦布准备第一次远征和向国王报告有关占领西印度群岛的事件。到 1542 年，该院已经采取常设形式，驻于马德里，其代表经常出席会议以代表国王行使权力。作为最高立法当局，其制度关系到殖民地生活各方面的法律和规章。1680 年，该院将在殖民地的浩瀚法律汇编为出版物《西印度法律类编》，这被称为在所有殖民强国中产生的最有久远意义的一部法典，并成为后来法国、英国和荷兰的殖民地立法典范。

当科尔特斯发现了墨西哥所蕴藏的大量财富之后，国王逐渐察觉到把这样广大的权力给予远离西班牙的个别人物将会带来潜在危险。于是，查理五世于 1529 年开始以卡斯提尔中央集权的君主统治形式作为蓝本建立殖民地政府，一种官职系统就以直接隶属君主本人为原则发展起来了。其中最重要的就是总督这一官职。总督的主要任务在于保护殖民地，防止印第安人反抗和外国入侵。在民政职能方面，总督也有各方面的治理任务。同时，国王为了防止总督的腐败和背叛而对其施加种种约束，规定总督辖区内最重要的地域是检审法院辖区。检审法院充当总督的政治顾问，在它们的辖区内执行总督的命令。为了便于管理，总督辖区和检审法院辖区又被划分为较小的单位——省，省的最高领导被称为都督。他们的主要职责是征税，防备被征服的印第安人的反抗并协助教会改变人们的宗教信仰。都督们同居民中各种人物保持着密切接触，这或许促成了他们对殖民帝国的统治产生了最直接的影响。

从经济上来说，西班牙殖民地依仗着西班牙王室从本土现成经验中总结出来的一套思想，其基本理念是西班牙君主对海外属地拥有专有权。具体而言，这些思想表现为皇家专利事业和皇家税收，表现为提供给王室本身而不是提供给西班牙最大利润，从而将皇家规章强加于殖民地。这样发展起来的制度实质上就是重商主义制度。在重商主义支配下，殖民地须为本国工业提供原料，同时又为制成品提供市场。直到 18 世纪，国王为了控制贸易和征收赋税，还一直牢牢地将通商限制在西班牙的塞维利亚和美洲的某些定制港口以及这些港口中的某些西班牙商行，这些规定最大限度地保证了西班牙王室的利益最大化。

二 贸易署

殖民地经济发展的中央行政机构，是设立在塞维利亚的贸易署。贸易署在西印度院管辖下活动，起源于 1493 年丰塞卡教主所取得的权力。正式机构成立于 1503 年，其主要任务是管理西班牙和殖民地间的一切贸易和商务；制定支配这种贸易以及支配帆船、商船和战舰航行的必要规章；指导经济资料的搜集和有关风向、洋流、新世界土地的地理资料的收集；监督地图和海图的绘制。具体来说，贸易署的官员们安排通商船队和护航舰船，检查来自殖民地的全部货物，保护国王名下的份额，并指挥把其余船货分配给物主。早期的贸易署仅仅是个皇家仓库，存储来自西印度群岛的皇家伍一税和在新大陆征集的其他皇家货物和赋税。后来贸易署逐渐演变成一个官僚机构，官员包括一名署长、一名司库、一名首席检察官、三名法官、三名参议员、一名领港长和一名邮务长，还有各种较低级别的官员和办事员。

商业行会或"康苏拉多"，作为贸易署的一部分，设立于 1543 年，其职责是以法庭身份解决微小的权利申诉，并作为代理人在西班牙维护商人的特权。1790 年贸易署被撤销之后，商会的作用得到进一步加强。

贸易署连同西印度院，作为殖民地最重要的统治机构，基本上一直运行到殖民地末期。西印度院关闭于 1812 年 4 月，尽管费迪南七世恢复过它，但最终还是在 1834 年被撤销。贸易署衰落得更早，它于 1717 年被迁移到加的斯，从此以后开始丧失重要性，并于 1790 年被一道敕令结束。

三 "榨取型"特征与依附性发展

从 18 世纪中叶起，特别是经历七年战争（1756～1763）后，西班牙从经济上、政治上加强了对殖民地的控制，进一步激化了它同殖民地的矛盾。首先，西班牙采取了所谓贸易"改良"措施。1717 年，贸易署从塞维利亚迁到濒临大西洋的港口加的斯。1748 年废除"双船队制"，准许西班牙商船与殖民地自由通商。七年战争后，又陆续增加宗主国同殖民地进行自由贸易的通商港口，并准许殖民地之间自由贸易。1797 年，准许中立国的商船通过西班牙港口后同殖民地自由贸易。[1] 以上这些措施的采取，在一定程度上反映了西班牙本国商业的发展，以及它抵制大量外国走私和贸易的企图，但是并没有改变西班牙垄断贸易的实质，只是在"大垄断、小自由"的政策下强化了对殖民地的财政控制，并试图缓和宗主国同殖民地之间日益表面化的矛盾。

这个时期所实行的贸易制度无疑是"榨取型"的，它以重商主义为指导，其含义便是多获取金银，同时少付出成本，这个成本是指管理的成本以及运输的费用。当时的拉美国家处于西、葡两国的统治之下，充其量只能算作不平等的交易商，连完整国家都算不上。

作为三个不发达洲（亚洲、非洲、美洲）之一，在世界资本积累和资本主义发展进程的第一阶段[2]即重商主义阶段（1500～1770）中，"美洲'新世界'无疑对不发达的发展作出最大的贡献和遭受最大

---

[1] 张森根：《领悟多元视角下的拉丁美洲》，中国社会科学出版社，2015，第 144 页。

[2] 在弗兰克的《依附性积累与不发达》一书序言中，将世界资本积累和资本主义发展的整个过程分为三个主要阶段：重商主义阶段（1500～1700）、工业资本主义阶段（1700～1870）和帝国主义阶段（1870～1930）。

的苦难。美洲输出了黄金、白银、染料、烟草、糖和其他产品——并通过它们流出了许多价值——被欧洲宗主国生产方式的同时变革和积累进程所吸收。在'交换'中，美洲的殖民地区进口了劳工（特指在大种植园劳作的非洲黑人奴隶）、资本货和消费品，这是推动或促进它们与宗主国需求有关的生产与消费进程所必须的。这种生产和交换过程，要墨西哥和秘鲁文明程度高、人口密集的白银产区的以往生产方式，证明是不可能组织和发展起来的。在这些地区建立宗主国飞地①而使它们成为二元经济或者部分地区保有以往生产方式的社会，也是不可能的。除了在某些边缘地区，以独立小规模农民为中心的相对'独立的'生产方式，证明对资本投资或劳工移民都是无利可图和没有吸引力的，新世界其余大部分地区的移民劳工运输费都由别人支付了。在这些地方，通过种植园经济的建立和扩大，资本和劳工就能引进，生产进程可以组织起来。主要的采矿区和种植园地区的生产方式和阶级结构并不鼓励在这些地区本身进行资本积累和生产多样化，它们却发动了结构性不发达的资本主义发展，并在政策上造成强大的当地既得阶级利益的影响而在十九世纪和二十世纪进一步推进不发达"。②

在 18 世纪，英国以及较小程度上法国制造的产品已越来越取代了西班牙和葡萄牙对拉丁美洲的出口品以及拉美本地的制造品。这种渗透的达成，部分通过走私贸易，部分通过从伊比利亚诸国取得的合法贸易特权，部分通过两者的结合。西班牙在波旁王朝期间的经济与政治复兴以及英国贸易所代表的日益增大的威胁和税收的损失，促使西班牙放松了它对殖民地的贸易特权，特别在 1778 年之后，在

① 飞地指的是一种人文地理上的概念，意指某个地区境内有块土地，其主权属于另外一个地区。

② 〔德〕安德烈·冈德·弗兰克：《依附性积累与不发达》，高铦、高戈等译，译林出版社，1999，第 22 ~ 23 页。

英法战争期间进一步有利于英国。这些发展对 18 世纪末期拉丁美洲制造业和原料生产产生了深远的影响。同时代的西班牙驻新西班牙总督在 1794 年对此具有记载：

> 即使没有任何帮助，没有政府的任何直接保护，某类制造品（主要是棉织品）也已发展太多，引起赞美。粗羊毛也为许多工厂提供原料。……要禁止这些国家中制造的主要产品是很困难的。……摧毁那些国家的工厂的唯一办法是来自欧洲的更为价廉的同样或同类商品。发生的情况就是这样。……这种商业在情势变化中衰落是非常自然的；欧洲工厂进步快，亚洲纺织品一般价格低廉。……情况是这样的，自从 1789 年以来，引进的纺织品和商品不断增加。（雷维拉·吉盖多，191 – 192，200，203）①

在拉美独立之前的 18 世纪末期，拉美从制造业生产相对转移到原料出口，具有影响深远的经济与政治后果，这对于推动争取独立的政治运动，以及使其独立后经济纳入特定方向，即进一步扩大原料生产出口，具有决定性作用。农矿业的大生产者和大出口商在 19 世纪之前因贸易自由化而在经济和政治上都增强了力量，这些生产者和商人成为西班牙独立的政治运动的主要推动者和资助者，其目的在于获得政权并能自由扩大原料出口规模——从而增加了拉美对欧洲宗主国更大的经济依附。

拉美国家在自身资本主义积累和发展过程中，资产阶级日益地增强在经济、政治与意识形态上对宗主国的依附。在世界资本积累的工业资本主义阶段，拉美资产阶级击败了他们自己阶级与其他阶级内部

---

① 转引自〔德〕安德烈·冈德·弗兰克《依附性积累与不发达》，高铦、高戈译，译林出版社，1999，第 88 页。

的敌人之后，自动而热情地采取了自由贸易的理论和政策，其目的仍然是为增加自己的收入以及扩大随之而来的权力服务。这也同时导致了拉美社会变革的政治措施以及深远的经济后果，即进一步地依附发展。更重要的是，"十九世纪帝国主义在拉丁美洲所确立的以宗主国为取向的城市、经济与政治发展形成了一批既得阶级利益，它们设法在宗主国支持下在二十世纪仍保持和扩大拉丁美洲不发达的发展"。①

同期，巴西的殖民地经济可以说就是完全为出口而开创的，因为巴西并没有如墨西哥和秘鲁那样的金矿、银矿，因此也就不存在神话般的便捷财富之路。当时，巴西最重要的经济活动是出口巴西木（如今的国名由此而来），这种木材可以用作染料来源，在欧洲很受欢迎。之后，农业特别是甘蔗种植主导了巴西殖民经济。随之，种植甘蔗的大种植园普遍在巴西兴盛起来，种植劳动主力则完全依赖非洲黑奴，奴隶贸易亦使葡萄牙人大发横财。截至 1810 年，250 多万个非洲人被带到了巴西，几乎占到了同期大西洋奴隶的 1/3。② 据估计，巴西每年的蔗糖出口额为 250 万英镑，这可能使其东北部地区成为全美洲唯一最富的区域，葡萄牙人也借此在 17 世纪初在美洲大陆获得了近乎垄断的糖业贸易地位。

第三节　制度演化与路径依赖

西班牙于 16 世纪 20 年代征服墨西哥，30 年代征服秘鲁，在短短几十年内，这块领地从南部的拉普拉塔河扩展到北部的里奥格兰

---

① 〔德〕安德烈·弗兰克：《依附性积累与不发达》，高铦、高戈译，译林出版社，1999，第 174 页。

② 〔美〕托马斯·E. 斯基德莫尔等：《现代拉丁美洲》，张森根等译，当代中国出版社，2014，第 28 页。

德。西班牙的大帆船沿着大陆西海岸定期往返，与来自菲律宾群岛的船相衔接，后者载来中国丝绸以交换秘鲁的白银。在新大陆，西班牙人建立帝国行政机构、建筑教堂并经营牧场和矿山，各种迹象表明这些征服者要在这里长久地待下去。征服者们开发这些领土上的自然资源，更多的是利用土著劳动力，他们把源源不断的糖、胭脂红、皮革和其他商品运送回西班牙。著名的波托西矿中的白银被运送回西班牙，这是其中的关键一环，该矿在 100 多年的时间里是世界上最大的单一银矿。这一切导致"跨越大西洋贸易的飞速增长，其贸易额在 1510 年到 1550 年增长了 7 倍，而在 1550 年到 1610 年又增长了两倍"。[1]

欧洲扩张对母国来说，好处是广泛而持久的，而更重要的是这有助于促进已经存在的机制的发展。虽然重点在于获取金、银等贵金属，但也不能忽视欧洲海员横跨大西洋以后大量涌进欧洲港口的次要商品的价值，譬如，"纽芬兰渔场带来了用之不竭的食物供应，而且大西洋还提供了照明、润滑和其他领域所迫切需要的鲸鱼油和海豹油。糖、靛蓝、烟草、大米、毛皮、木材和像土豆、玉米那样的新植物增加了欧洲大陆总的财富和福利。当然，后来还有源源不断的粮食、肉和棉花"。[2] 像渔业这种大宗贸易在捕鱼和销售方面都需要雇用大量人手，这进一步促进了市场经济的发展。同时，这一切对欧洲造船工业形成了最大的刺激，把大量手工工匠、供应厂商、商人和承包人等都吸引到伦敦、布里斯托尔、安特卫普、阿姆斯特丹以及许多港口周围。其直接效果是使很大一部分西欧居民而不仅是少数上层代表人物，对海外贸易成果产生了一种持续的物质兴趣。

开始时是许多单独的扩张，后来则逐渐会合为一个连锁体：几内

---

① 〔英〕保罗·肯尼迪：《大国的兴衰》，王保存等译，中信出版社，2013，第46页。
② 〔英〕保罗·肯尼迪：《大国的兴衰》，王保存等译，中信出版社，2013，第86页。

亚沿岸的黄金和秘鲁的白银被葡萄牙人、西班牙人和意大利人用于交换从东方来的香料和丝绸，俄国的冷杉和木材帮助他们从英国采购铁炮，粮食从波罗的海途经阿姆斯特丹运到地中海。这是一种持续的相互作用，即欧洲的进一步扩张带来新的发现，因而带来贸易机会，这种额外的收获又刺激了更大的扩张。尽管不是一帆风顺，但殖民强国几乎从不放弃自己的囊中物，而且在短期内新的扩张浪潮和探险又会开始。事实是，如果已经确立起来的帝国主义国家没有开发它们占有的宝地，就会有别的国家取而代之。

最终，当时欧洲国家已经很尖锐的多重竞争，伴随着贸易竞争，发展到了大洋彼岸的领域。西班牙和葡萄牙人虽曾极力保住罗马教皇分配给他们的对外部世界的垄断，但这种可能性微乎其微，特别是当人们认识到并不存在从欧洲通向中国的东北通道或西北通道之后。1560 年以前，荷兰人、法国人和英国人的船只已冒险穿越大西洋，之后进入印度洋和太平洋，英国呢绒业的衰落和尼德兰起义加快了这一进程。在国王和贵族的庇护下，在阿姆斯特丹和伦敦大商人的资助下，在宗教改革和反宗教改革造成的一切宗教和民族主义的狂热推动下，新的商业和掠夺性远征从西北欧出发，以便尽可能多地获取赃物。

这种日益加剧的商业和殖民竞争的相对合理方面，是科学和技术知识的平行发展。这一时期的许多进步都是军备竞赛和争夺海外贸易的副产品，但是其最终的好处却超越了它们并不光彩的初衷。改进了的航海图以及望远镜、气压计、海面高度仪和装有平衡架的罗盘等新仪器，以及更好的造船方法，都有助于使海上旅行成为风险较小的旅行方式。新的庄稼和植物不仅带来更好的营养，也是对植物学和农业科学发展的一种促进。冶金技术以及实际上整个炼铁工业和深层采矿技术获得迅速进展。天文、医学、物理和工程学得益于日益加快的经济步伐和科学价值的提高。印刷业除了印制本国文字版的

《圣经》和政治论文外，还传播着这些发现。这种知识大爆炸的积累性作用，支撑着欧洲技术优势以及随之而来的军事优势进一步增强。

对于其他国家来说，向上攀登的阶梯不仅需要获取欧洲的装备以及欧洲的技术，而且要全面借鉴使西方社会不同于其他一切社会的那些一般特征。这意味着需要市场经济，即便不是亚当·斯密提出的那种程度的市场经济，至少商人和企业家不会经常受到威慑、阻挠和掠夺。这同样意味着要有一种权力中心的多元化，每个中心都应尽可能有自己的经济基础，以免出现一种强加的东方式专制制度的集权化，而创造出的进步的刺激竞争的一切可能前景，可能会有骚动，偶尔还伴有残忍。这种削弱经济和政治的僵化意味着同样削弱文化和思想的正统观念，这是一种探索、争论和实验的自由，是信仰改进的可能性，是关心实际而不是抽象的事物，是一种蔑视达官贵人的信条、宗教教条和传统民俗的理性主义。这在多数情况下并不牵扯许多积极因素，而是需要减少阻碍经济增长和政治多样化的障碍。

由此，经济的自由放任、政治和军事的多元化与智力活动自由的结合，以及这些因素的相互作用便产生了"欧洲的奇迹"。称之为"奇迹"是对欧洲列强殖民主义的一种美化，至少对拉美大陆来说是这样。当殖民主义走到尽头，各个殖民国家纷纷独立之后，便要对这种掠夺性的殖民制度进行变革。

首先要变革的是对外贸的垄断。1778 年 10 月 12 日，卡洛斯三世颁发了《自由贸易法》，意味着西班牙美洲的 24 个港口可直接与任一西班牙港口或彼此之间进行贸易。贸易不再仅限于四大殖民地港口（维拉克鲁斯、卡塔赫纳、利马、巴拿马），也不再为西班牙加的斯港所垄断。殖民时期对外贸的垄断致使拉丁美洲丧失了在最能获利的市场上销售商品和在最省钱的市场上购买商品的机会。在拉美各国争取独立期间，自由贸易的前景曾引起了非伊比利亚列强的兴趣。英国的兴趣尤其浓厚，由于拥有大量可供出口的制成品，所以很快就承认了新生的国家。贸易优先也使英国于 1825 年承认了巴西的独立。英国商人很快就填补了由于拿破仑入侵伊比利亚半岛而造成的空白，大批人在里约热内卢、布宜诺斯艾利斯、瓦尔帕莱索和利马落脚。其他国家对拉美各国独立的承认也主要是受了未来贸易前景的影响。

独立也使拉美各国有机会到国际市场上筹集资金。这实际上意味着，伦敦证券交易所和英国投资者得以立即认购新兴国家发行的公债。然而，对拉美国家来说，进入国际资本市场的结果却麻烦不断。诈骗、管理不善和非生产性投资等导致了几乎所有发行债券的政府至 19 世纪 20 年代末都拖欠着债务。

与此同时，习惯于殖民地时期对商品和人员流动加以诸多限制的权贵集团，难以全部接受李嘉图的贸易理论和比较利益学说，它们仍然是重商主义的忠实拥护者。当时世界上最强大的贸易国和最忠于自由贸易的国家——英国——仍对其与世界其他地区的贸易实行诸多限制，同时也仍然实行有利于其殖民地的不同关税政策。

因此，独立后是否取消贸易垄断的问题并不是关于要不要对贸易征税的争论，而是关于征税程度和对资源理想配置的争论。"自由贸易论者"要求对贸易的限制尽可能地减少，他们的要求得到外国商人最有力的支持。这些外国人自伊比利亚的权势衰落以来已落脚在拉丁美洲各个地区，他们的工作就是进口外国商品。要求减少对外贸限制的国内压力集团包括生产出口产品者、进口商或出口商，或兼营进出口的商人以及一小批知识分子（他们主张在以初级产品交换工业品的基础上进行国际劳动分工）。而反对这一集团的有经销本国产品的商人，受到外国进口商品威胁的出售自家产品的地主和农民，由于设有高关税其手工业品难以同进口商品竞争的、集中在城镇的手工业者。因此，最后的决策就不得不由政府来做出了。由于政府行政部门的人员通常由来自争论双方不同集团的人所组成，所以政府的立场往往前后矛盾，一项制度出台没有多久即被推翻，政策的不稳定性极强，制度的形成难以为继。

最终的结果是，从殖民地时期过渡到独立后，尽管降低贸易税的呼声一直不绝于耳，但实际是增加而非减少了对贸易税的依赖。到19世纪中叶，政府总收入的50%以上来源于关税收入，仅对布、鞋、帽征收的关税就占了全部税收的75%。但是，从贸易税中获得利益的政府不能征收重税。过高的税率会排斥进口品，促使走私猖獗，使政府收入无着。因此，通商条约通常被视为可接受的方式，这类条约可以确保一定比例的关税征收，确保最大限度的收入。唯一的例外是英国和巴西1810年签订的通商条约，这一条约允许英国以低关税税率的优惠条件进入巴西市场，从而引起了反对，1844年期满时即告废止。英国失去了优惠地位，巴西的关税税率大幅提高。对同国内产品相竞争的商品征收不同税率（通常在15% ~ 100%）的数种关税，使特别的需求有了足够的保证。例如，秘鲁的保护主义压力集团在19世纪30年代得以提高一些商品的关税。阿根廷的1835年关税法就是一个明显的保护主义法规。墨西哥保守的卢卡斯·阿拉曼甚至明令禁止进口英国棉花，以全力促进墨西哥纺织业的发展。

因此，在独立后的最初年代里，当地的利益集团实际上是从实行保护主义政策而提高关税中获益，而并没有实行所谓的自由贸易政策。然而，保护关税的目标——获取最大限度的收入——存在两大问题。第一，当生活水准开始上升时，难以生产出在质量和数量上能同进口品相竞争的产品的本国的工业，必然要招致责难。关税也随之急剧下降。第二，最大限度的收入这一目标的实现是有条件的。如果财政危机开始减缓，例如伴随外贸增加，稍低的关税税率即可达到财政目标。因此，出口状况对关于自由贸易的争论结果至关重要，这也在一定程度上造成了今后拉美各国一直持续依赖出口收入的依附性发展模式。

与此同时，拉美独立后，传统的农业和土地制度并没有得到根本性改造，工业化缺乏内部的需求和动力。资本主义的发展和现代工业的起步，几乎完全由出口所带动，受到先进工业国需求拉力的制约。这种"初级产品出口导向工业化"模式把拉美进一步拉入国际资本主义经济体系之中，反映大出口商人、大地主寡头利益的保守趋向。因此在拉丁美洲并没有出现欧洲、美国那样独立自主性的资本主义化和工业化进程，而是经济殖民化和依附性的不断加深。这是一个经济上重新殖民化和初始工业化相互矛盾的发展过程。[①]

从历史演变来看，由于在殖民统治时期西班牙和葡萄牙等宗主国对拉美地区实行商业垄断和非关税的贸易限制，拉美各殖民地的平均关税水平并不是很高。19 世纪 20 年代前后，该地区各国纷纷独立，独立伊始的各国政府在对外贸易方面大多延续了从前的政策，即采取各种手段限制进口，但并不征收特别高的关税。然而之后不久，各国纷纷开始提高关税，并将这一增长势头维持了很长一段时间。随着"美好时代"的到来，拉美各国的平均关税超过美国，跃居世界首位，并远远高于世界其他地区的平均关税，例如巴西的关税在这一时期从 15% 提高到 50% 左右，阿根廷从 21% 上升到 31%，而墨西哥则从 9% 飙升到 46%。另有资料表明，拉美在这一时期的高关税状态，不仅表现在总量上，也表现在人均关税中。此后，在两次世界大战及其之间的大萧条时期，拉美各国关税波动剧烈。直到 20 世纪三四十年代以后，亚洲和欧洲一些国家的关税才开始超过拉美地区。上述资料表明，至少从 1865 年到一战之前这半个世纪的时间中，就关税政策来说，拉美地区可以算是世界上实行贸易保护主义程度最高的地区。[②]

---

① 林被甸：《拉丁美洲国家对现代化道路的探索》，《北京大学学报》（哲学社会科学版）1992 年第 6 期。

② 杨威、贾根良：《拉丁美洲贸易保护主义的是与非》，《拉丁美洲研究》2011 年第 4 期。

小　结

　　贸易垄断体系不仅阻碍了殖民地的经济发展，也给宗主国带来了不可解脱的矛盾。16 世纪，新大陆的大量黄金、白银，源源不断地横跨大西洋，运抵西班牙。据估计，在 16 世纪末，欧洲存储的黄金、白银数量，是 1492 年的近 5 倍。金银数量如此之大，以至于武装运送这些财富到欧洲的各国船只平均为 60 艘，偶尔武装运输船队可达到 100 艘。16 世纪，每一艘船的载货量为 200 吨；到了 17 世纪，较大型的海船载货量达到了 400 吨。仅以 1564 年来看，有 154 艘海船在塞维尔（今西班牙港口城市塞维利亚）卸载贵重货物。[①] 16 世纪末期，从美洲运抵西班牙的货物中，贵金属占绝大多数。在 16 世纪，从西班牙输往殖民地的 5/6 货物，产自其他国家。西班牙人未能将黄金、白银转变为生产性的财富，而是用这些贵金属购买他国的产品，数额之大致使其债台高筑。与此同时，黄金、白银通过西、葡流向了英、法、荷等工业发达国家，有力刺激了那里迅速发展着的资本主义经济，而在伊比利亚半岛却仅仅 "提供了足够的财富以阻碍早该实行的基本制度改革"。[②] 这些帝国于是在繁荣数十年后突然无可挽回地衰落了。

　　1500～1770 年是资本主义积累和发展的第一个阶段即重商主义阶段，在这个阶段，拉美的贸易制度理所当然地秉承了其宗主国西班牙所奉行的重商主义。相比较而言，贸易制度实质上是这个时期

---

① 〔美〕彼得·L. 伯恩斯坦：《黄金简史》，黄磊译，上海财经大学出版社，2013，第 153 页。
② 林被甸、董经胜：《拉丁美洲史》，人民出版社，2010，第 95 页。

"榨取型"特征表现最为明显的一种经济制度。西班牙和葡萄牙通过在这一时期对拉美地区的贸易赢利，特别是对黄金、白银的大量攫取与占有，使得欧洲最终在19世纪成为全球经济中心，而与此同时却将拉美地区"永久地"拖入依附性经济发展的轨道。这种贸易垄断政策，严重束缚了殖民地经济的发展，确立了殖民地对"中心"国家的依附。殖民地为宗主国提供了种种矿产品和其他原材料，却不能根据自己的需要开发资源和发展经济，因此重商主义支配下殖民政策的核心，就是把殖民地作为宗主国无限制地掠夺金银和廉价农牧产品的对象，金银开采、大地产制与贸易垄断制实际上连为一体，构成西、葡美洲"拓殖榨取型"殖民地模式的三大支柱。结果，商业资本主义渗入殖民地各个经济领域，拉丁美洲越来越成为全球经济的一部分。[1]

---

[1] 林被甸、董经胜：《拉丁美洲史》，人民出版社，2010，第94页。

第五章
拉美殖民地时期的经济制度对当代拉美的主要影响

> "今天有些国家失败的最普遍原因就是它们都有榨取型
> 制度。"
> ——〔美〕德隆·阿西莫格鲁、〔美〕詹姆斯·A. 罗宾逊,
> 《国家为什么会失败》

通过前几章的分析,笔者认为在西班牙、葡萄牙统治美洲的整个殖民地世界,都出现过类似的制度,即"榨取型"制度(包括"榨取型"经济制度和"榨取型"政治制度)。这是在最初的抢劫和金银的攫取之后,西班牙人所设计出来的一个制度网特征,并根据这样的网络结构来剥削当地印第安人。大地产制度、委托监护人制度、劳役分派制度以及贸易垄断制度的全面推行就是为了使殖民者能够获得超额利润,从而也致使当地的印第安人生活水平常年保持在温饱线之下。因为,"榨取型"制度的本质就是通过征用他们的土地、强迫他们劳动、给劳力提供低工资、征收重税以及以高价强制售卖他们不想买的商品来实现获取超额利润的目的。尽管这些制度为西班牙王室带来了大量的财富,并使征服者及其后代非常富有,但与此同时也把拉丁美洲变成了世界上最不平等的地区,大大

削弱了这里经济发展的潜力。①

以墨西哥为例，墨西哥宣布独立的背后的动机就是保护殖民地时期发展起来的经济制度，就是这种制度使得墨西哥——根据德国伟大的拉美探险家和地理学家亚历山大·冯·洪堡的话说——成为"不平等的国家"②。这些制度，让整个社会建立在对本土居民的剥削和垄断的基础之上，阻碍了大多数人的经济激励和创造性。就在美国于19世纪前半期开始工业革命的时候，墨西哥却越来越贫穷了。

事实上，不只是墨西哥，拉美其他国家和地区也深受这种"榨取型"制度之害，其显而易见的不利影响主要表现在以下几个方面。

第一节　普遍的经济发展落后现象

1492年之前，墨西哥中部山谷、中美洲和安第斯山脉地区拥有比北美洲或者阿根廷、智利等地区更优越的技术和更高的生活水平。在18世纪中期以前，西属美洲生活水平也绝对是超过英属美洲的，过去的拉丁美洲可称为是西半球的"领袖"。当时在生产贸易以及城市建设上，西属美洲都要远远超过英属美洲。从15世纪末叶到18世纪，西属美洲殖民地上的物产最为丰富多样，它们的社会和文化亦根深蒂固、枝叶繁茂。然而，如今拉丁美洲的地理位置并没有发生变化，欧洲殖民者所实行的制度却造成了"财富逆转"③。

如果从人均GDP方面来考察拉丁美洲与美国的经济发展情况，

---

① 〔美〕德隆·阿西莫格鲁、〔美〕詹姆斯·A. 罗宾逊：《国家为什么会失败》，李增刚译，湖南科学技术出版社，2015，第18页。

② 〔美〕德隆·阿西莫格鲁、〔美〕詹姆斯·A. 罗宾逊：《国家为什么会失败》，李增刚译，湖南科学技术出版社，2015，第19页。

③ 〔美〕德隆·阿西莫格鲁、〔美〕詹姆斯·A. 罗宾逊：《国家为什么会失败》，李增刚译，湖南科学技术出版社，2015，第38页。

可以看到，二者在 17 世纪开始出现差距，在 18 世纪差距不断扩大，到了 19 世纪，这种差距更是一发不可收拾。这种状况在拉美独立运动兴起之后的半个世纪里表现得尤为明显。在此期间，墨西哥的情况最为糟糕，而中美洲和南美洲的情况相对好一点。其中，1870～1950年，拉美人均 GDP 增长率同美国旗鼓相当。从 1950 年到 20 世纪 70年代，拉美人均 GDP 增长率略高于美国，但是在此之后，形势急转直下。1870～1970 年，尽管拉美的经济发展算不上十分强劲，但却是相对最好的一个时期。从 1900 年开始至今，拉丁美洲的人均 GDP 几乎一直相当于美国的 1/4 多一点。到 1950 年为止，拉美大国同美国之间的发展差距并没有太大的变化。1950～2000 年拉美国家的人均 GDP 普遍有所增长，但是，其增长幅度并不足以缩小同美国之间的差距。

如果将拉美地区同其他一些国家和地区进行对比，该地区的经济发展显然面临更大的困难。例如，韩国和中国台湾地区在 50 年间已经大大缩小了同美国之间的差距，与此同时，也扩大了同拉丁美洲之间的差距。1950 年，韩国人均 GDP 仅相当于墨西哥的 1/3，而到了 2000 年时，前者的人均 GDP 已经相当于后者的两倍了。1950 年，中国台湾地区的人均生产总值还不及阿根廷国内生产值的 1/5，而到了2000 年时，前者的人均生产总值也达到了后者的两倍之多。[1] 2013～2015 年世界各大区域 GDP 增长率见表 5－1。

表 5－1　2013～2015 年世界各大区域 GDP 增长率

单位：%

区域	2013 年	2014 年	2015 年
世界	3.28	3.41	3.09
主要发达经济体（G7）	1.17	1.70	1.79

[1] 〔美〕弗朗西斯·福山编著《落后之源——诠释拉美和美国的发展鸿沟》，刘伟译，中信出版集团，2015，第 70～71 页。

续表

区域	2013 年	2014 年	2015 年
欧盟	0.28	1.45	1.99
新兴市场和发展中经济体	4.91	4.6	3.98
中东和北非	2.13	2.61	2.34
撒哈拉以南非洲	5.21	5.05	3.37
拉美和加勒比地区	2.98	1.30	− 0.08

资料来源：IMF 数据库。

从表 5 - 1 可以看出，在世界经济增长率普遍下滑的情形下，拉美和加勒比地区的 GDP 增长率下降也是最为明显的，从 2013 年的 2.98% 下降至 2014 年、2015 年的 1.30% 、 − 0.08% 。尽管拉美地区的经济发展水平容易受到世界大环境的显著影响，但其自身脆弱的经济体制却应对此承担最主要的责任。2013 ~ 2015 年主要拉美国家 GDP 增长率见表 5 - 2。

表 5 - 2　2013 ~ 2015 年主要拉美国家 GDP 增长率

单位：%

国家	2013 年	2014 年	2015 年
阿根廷	2.89	0.45	1.20
巴西	3.02	0.10	− 3.85
智利	4.03	1.83	2.07
哥伦比亚	4.87	4.39	3.08
墨西哥	1.35	2.25	2.55
巴拿马	6.62	6.05	5.78
秘鲁	5.85	2.39	3.26
乌拉圭	5.10	3.50	1.48
委内瑞拉	1.34	− 3.89	− 5.70

资料来源：IMF 数据库。

从表 5 - 2 可以看出，主要拉美国家的经济增长率 2013 ~ 2015 年均有不同程度的下降，尤其是号称拉美第一大国的巴西降幅最为明显，2013 年为 3.02%，2015 年直接下降了近 7 个百分点，为 -3.85%。基于黯淡的经济增长，这个曾经排名世界第七大经济体，并且作为金砖国家之一的足球王国失去了往日的风采。2016 年 5 月，巴西总统罗塞夫遭弹劾，她所属的劳工党被排除在新政府之外。而新上任的巴西总统特梅尔所在的民主运动党，为了站稳脚跟，顺利执政，联合其他党派结成执政联盟。然而，从以往的历史经验来看，这种临时组建的联盟将给巴西未来政局的发展带来巨大的不确定性，其经济增长的前景将更加不尽如人意。

委内瑞拉，位于南美洲北部，石油输出国组织成员，是世界上重要的石油生产国和出口国。石油产业是委内瑞拉的经济命脉，该产业所得占到委内瑞拉出口总收入的约 80%。然而，受近年来国际石油价格暴跌的影响，委内瑞拉经济遭受了严重冲击。IMF 数据库显示，委内瑞拉的财政收入已从 2013 年的 800 亿美元下降至 2015 年的 200 亿至 250 亿美元。2014 年、2015 年委内瑞拉的 GDP 增长率分别为 -3.89%、-5.70%。委内瑞拉陷入通胀失控、物资极度短缺、电力危机日益严重的困境，正在走向不可逆转的经济衰退。

尽管独立后的拉美国家也有过较长时期的繁荣，但并没能改变经济上的贫穷落后面貌。许多拉美国家在 20 世纪 70 年代步入了中等收入国家之列，但在多重因素的影响下，先后爆发了债务危机（20 世纪 80 年代）、金融危机（20 世纪 90 年代），此后又受 2008 年美国引发的全球金融危机影响，拉美多国的经济发展进入了"中等收入陷阱"，继而引发一系列严重的政治与社会问题。尽管拉美经济停滞的原因有很多种，如错误的经济政策、不恰当的社会政策（如普遍存在过高的福利政策）以及频繁的政治动荡等，但这些莫不是均源于其殖民地时期所形成的"榨取型"经济制度本质特征？

拉美国家的依附经济，在殖民地时期同宗主国西班牙或葡萄牙的联系、随后对英国的依附以及最后对美国的依附均具有丰富而不同的内涵。例如，英国在其工业化扩张过程中，曾希望依附它的边缘经济取得适度发展，因为英国需要它们提供原材料并使它们成为进口英国工业制成品的买方市场。因此，英国要求依附经济的发展能够展现一定程度的活力和现代化。与之相反，美国拥有自然资源和国内市场，它的经济发展相对更独立于边缘经济，在某些情况下，美国甚至还同原材料生产国进行竞争。对美国的依附关系也就由此具备了美国控制其他经济发展的内涵，包括对原材料生产和潜在经济中心的控制。所以，美国经济对拉美经济的促进作用不如英国那么重要。① 无论是作为哪一个"中心国家"的边缘经济存在，拉美各国经济的发展都是从属性和依附性的，也就不难理解为何时至今日拉美经济仍然十分容易受到外部环境的影响。

第二节　严重的经济结构失衡现象

今天的拉丁美洲，不但格外贫困，而且仍然拥有压制性的社会体制、天主教极端教权主义或基督教原教旨主义、不自由的政治组织，等等。它们是早先时期生产初级产品以供出口的地方，在世界资本主义发展过程中它们的矿藏、土壤、木材或市场枯竭以后，就沦于衰微破败。这些地方包括那些前矿区，如巴西的米纳斯吉拉斯、智利的"小"北方和"大"北方、玻利维亚和秘鲁的高地、墨西哥的中部，还有加勒比的前主要农业出口区和渔业出口区，如巴西的东北部、中美洲和南墨西哥的部分地区，等等。虽然它们当前的贫困部分由

---

① 〔巴西〕费尔南多·恩里克·卡多佐等：《拉美的依附性及发展》，单楚译，世界知识出版社，2002，第 32 页。

于它们自然资源的枯竭、人口的密集和矿山区不良农田的侵蚀，可它们现在极端不发达的主要根源并非物质的，而是它们从出口繁荣的"黄金时代"所继承的社会结构，而且仍然反映在它们的"古旧习俗"中。

历史分析和比较分析可以得出揭示问题的、显然矛盾的情况，那是由亚当·斯密所预示的，后经马克思系统化的观点：富者变穷，穷者变富。但经由世界资本积累和资本主义发展的辩证法所强调，这种明显的矛盾消失了。拉美的落后，正如许多学者所言，在很大程度上应该归咎于其经济社会发展模式的弊端。在推行以初级产品为基础的出口导向模式时，只有阿根廷和智利因其出口的扩张实现了经济增长。对于大多数拉美国家来说，由于劳动力市场的扭曲和基础设施的落后，几十年间始终无法形成有效的国内市场。这种僵硬的经济发展模式到 20 世纪 30 年代经济大萧条时几乎陷于瘫痪。此后，在进口替代模式的最初阶段，拉美国家整体的工业化水平和经济实力有了相当程度的提高，但进口替代模式由于过于强调国家的保护功能致使拉美多国的经济结构也不能完成很好的转型，拉美的经济结构长期处于一种十分落后的状态。

在历史上，拉美曾经是第三世界中农业最为发达的地区。在 20 世纪初，拉美曾经成为世界上最大的农牧产品供应地。得益于得天独厚的自然条件，在拉美各国经济中，农业一直占有特殊地位，农业部门是该地区主要的物质生产部门。但在二战之后，由于该地区工业获得快速发展，农业在拉美经济中的地位开始下降，即使它仍然是许多国家国内生产总值的重要来源。然而，当前拉美地区的农业部门与其他经济部门比例严重失调，重工轻农的思想尤其严重，农业长期处于落后状态。与此同时，由于拉美各国并没有合理地考虑进口替代工业化的持续性，工业部门也并未很好地建立起来。此外，由于历史原因，拉美整个地区的农业基本上实行了一种粗放经营的模式，单位面积的产量和劳动生产率一直处于较为落后的水平，落后于发达国家和发展中国家的平均水平。更畸形的是，拉美各国农产品进口的增长率一直高于农产品出口的增长率，这源于各国对农业的忽视。尽管从资源和技术上说，拉美各国完全有可能实现自主生产，但现实中却不得不花费大量外汇从国外购买。总体而言，整个拉美经济的发展是在维持人口基本需求的农业领域尚未取得相应发展的条件下起步的，这就造成了现实中拉美多国经济结构的不合理性以及国民经济的脆弱性。虽然一些国家在独立后也曾尝试培育幼稚产业的努力，但在整体上的经济发展状况普遍令人失望。大部分国家的经济仍然以手工业和小业主的商品生产为主。随着全球经济逐步融为一体，发展中的北大西洋经济也逐渐将拉美各国的经济纳入世界资本主义体系。

拉美国家在第二次世界大战前一直是西方国家的原料供应地、商品销售市场和资本输出的重要场所。在资本主义国际分工和帝国主义殖民体系的束缚下，它们长期依赖某几种农、矿业产品的生产和出口，形成了以初级产品外销为基础的单一制经济结构。由于经济畸形发展，民族工业的力量得不到应有的增长。拉美国家这种畸形的经济结构从产业的角度分析，呈现"两头大，中间小"的特点，即农业、牧业、渔业等维持人口基本需要的第一产业和以非物质生产部门为主的第三产业，无论从产值或就业人口方面来看均具有优势，而制造业则处于从属地位。[①] 在 20 世纪初，尤其是 30 年代世界经济大萧条和第二次世界大战结束后，拉美的工业部门获得发展机遇，且经过几十年的发展，制造业部门明显壮大，工业化达到了较高的水平。但是，制造业的壮大是以牺牲农业发展为代价的。其结果是，城乡差别长期得不到缩小，大量农村人口流入城市。然而，由于拉美国家的工业化模式具有资本密集型和技术密集型的特点，城市并不能提供足够的就

① 张森根：《领悟多元视角下的拉丁美洲》，中国社会科学出版社，2015，第 106 页。

业机会，许多来自农村的"移民"或在非正规部门谋生，或沦为新的失业者。一些东亚国家（地区）与拉美形成了鲜明的对比。东亚用于农村发展的公共投资占投资总额的比重高于其他中低收入的国家。由于农村基础设施不断改善，农村劳动力有更多的用武之地，从而为发展经济和增加收入创造了条件和机遇。此外，东亚在扩大城市就业的同时，比较重视农村的就业问题，因此东亚农村的隐蔽失业率比较低。

在全球贸易的蓬勃发展中，拉美地区也由于自身的比较优势将原材料和初级产品的出口作为经济发展的主要动力。这一变化为该地区经济增长带来了新的机会，但从经济深层结构而言，也付出了沉重代价，形成了依附性发展的路径依赖，城乡发展差别难以缩小。该地区内部的制造业发展受到严重阻碍，同时也窒息了技术发展的全部潜力。截至一战之前，拉美的人均国民收入虽有一定程度的提高，但陷入了增长陷阱，沦为了欧美发达国家的原材料产地和制成品出口市场。另外，在巴拉圭、厄瓜多尔、巴拿马、墨西哥、洪都拉斯、萨尔瓦多等国，一半以上的穷人居住在农村，80%～90%的富人则生活在城市。有的研究报告指出，拉美国家农村劳动力的收入比城市工人低20%，在社会保障等方面农村劳动力不能享受城市工人享受的好处。此外，由于农村的基础设施落后、经济发展水平低下和土地所有权高度集中，城乡差异实际构成了拉美收入分配严重不公的其中一个主要原因。总体上，拉美大多数国家至今未形成完整的工业体系结构，粮食大量依赖进口，产业结构十分脆弱。

第三节 典型的社会不公平与不平等现象

19世纪70～80年代，世界处于巨变之中，全球化浪潮意味着像墨西哥这样资源丰富的国家——或者更恰当的是这些国家的精英——能够通过出口原材料和自然资源到工业化的北美或西欧国家而致富。尽管当时的墨西哥统治者迪亚斯及其同伙也意识到墨西哥必须改变，但并不意味着彻底废除殖民制度，他们对制度的改变基于"路径依赖"，这就将致使拉丁美洲贫穷的不平等制度带到了下一个时期。

20 世纪 30～50 年代，大多拉美国家先后经历了所谓的工业化和现代化；到 20 世纪末期，现代化建设甚至取得了普遍的成就。拉美从传统农业社会转变为现代工业社会，社会经济的总体面貌大为改观。1900 年，拉美地区总人口为 7000 万；2000 年，这个数字达到 4.8 亿，增加了近 6 倍之多。与此同时，拉美国家的人均国民生产总值比世纪之初增加了 4 倍。工业生产总值占国内生产总值的比重由此前不到 10% 提高到了 25%。与此同时，人均预期寿命从 40 岁提高到 70 岁；成人识字率由 35% 提高到 85%。据美洲开发银行统计数据，1999 年拉美地区人均产值为 3100 美元。当时的拉美大国——巴西已成为世界第八大经济强国，在现代化进程中的发展成就曾引起全世界的瞩目。

然而，在经济增长过程中，拉美各国普遍出现了两极分化现象，"贫者愈贫、富者愈富"的现象日趋严重。20 世纪 80 年代以来，拉美各国大力推行国有企业私有化，产生了大量解雇工人和裁减机构，恶化了一直存在的失业问题。同时，因 90 年代债务危机所引发的经济衰退也进一步加剧了社会贫困。农村的贫困现象比城市还要严重得多，统计数字显示，60% 以上的拉美农村人口生活在贫困线以下，4000 万名印第安人的处境就更加艰难。

世界银行的研究报告《拉美的不公正：与历史决裂?》指出，拉美的不公平很严重，即便是该地区相对而言比较公平的国家，如乌拉圭和哥斯达黎加，也比 OECD（经济合作与发展组织）中的任何一个成员或任何一个东欧国家更不公平。该报告提供的数据表明，巴西和危地马拉的基尼系数接近 0.6，在世界上"名列前茅"。在大多数拉美国家中，占总人口 10% 的富人获得的收入占国民总收入的 40% ~47%，而占总人口 20% 的穷人所占的比重仅为 2% ~4%。联合国拉美经委会的年度报告《2004 年拉美社会概览》指出，就收入分配而言，拉美地区是地球上最落后的地区，因为许多拉美国家的基尼系数在 0.5 以上，巴西则超过 0.62。出自拉美经委会的另一份报告《拉美与加勒比的收入分配问题》所引用的数据表明，与世界上其他地区相比，在任何一个时期，拉美国家的基尼系数都是最高的。此外，虽然 20 世纪 70 年代拉美国家的基尼系数显著下降，但 80 年代又开始上升，90 年代的下降幅度则不大。美洲开发银行的研究报告《经济发展与社会公正》指出，拉美的收入分配差距之大在世界上是少有的。例如，90 年代世界各国的平均基尼系数为 0.4，而在拉美，除牙买加为 0.38 以外，其他拉美国家的基尼系数均高于世界平均数，其中 11 个拉美国家的基尼系数高达 0.5。[①]

造成拉美国家收入分配严重不公的原因是多方面的，既有历史原因，也有各种经济原因。例如，在独立后拉美国家追求现代化的过程中，多数拉美国家为保证工业化的发展和保障城市人口的生活，不断压低农产品价格，严重影响了农业部门和农村经济的发展，致使农民的生活更加贫穷。而更重要的原因，笔者认为仍然是拉美殖民地时期所形成的"榨取型"土地制度至今仍然发挥作用，广大农民无地可种、无地可依。农民与庄园主经常因争夺土地引发暴力冲突。1994 年，墨西哥恰帕斯州的印第安农民就为此爆发了起义，其根源就是殖民地时期形成的大土地制度造成的土地分配不公。当今的巴西、墨西哥等地大庄园主依然随处可见，并且土地越来越集中。正如美国学者 A. 费希罗所说："当代拉美严重的收入分配不公，是 19 世纪或更早

---

① 江时学：《认识拉丁美洲》，中国社会科学出版社，2021，第 204 页。

时期遗留下来的土地所有制集中化的结果。"① 因此，有学者称，当今拉美最大的问题为土地问题，解决了土地的财产权分配问题，拉美的其他问题则会迎刃而解。

在拉美历史上，尤其是在过去的几十年中，绝大多数拉美国家为解决土地问题曾经开展了不同规模和程度的土地改革。土地改革使不少无地农民获得了土地，并在一定程度上削弱了土地所有权的高度集中。但是，未触及根本的土地改革不可能改变农村的收入分配结构。例如，哥伦比亚政府在制定土改法时，没有请无地农民的代表参加，却让大地主的代表出谋划策。没有顾及无地农民的根本利益，这样的土改法当然很难改变不合理的土地所有制。此外，在土地改革过程中，一些大地主千方百计地钻土改法的"空子"，例如，针对土改法关于"闲置土地应被没收"的规定，大地主常常于土改前在闲置多年的土地上随意撒些种子，以造成土地未被闲置的假象。但他们根本不进行任何田间管理，也不考虑是否有收成。即便是失去土地的大地主也能从政府手中获得大量的补偿金。可见，土改并未使大地主蒙受多少损失。据估计，在拉美再分配的土地仅占应被充公土地的 15% 左右，受惠的农民只占应受惠农民总数的 22%。对许多农民来说，土改后由于缺乏必要的财力和物力难以独立从事生产活动，因而最后不得不出卖土地，再次沦为无地农民。鉴于拉美国家地主阶级的政治影响十分强大，拉美国家的土地改革未能考虑农民的根本利益，整体上是失败的。

美洲开发银行的经济学家把拉美的收入分配不公与自然资源禀赋和地理位置联系在一起。他们认为，在上述问题上拉美国家具有以下三个特点。一是人均土地拥有量较大的国家与人均土地拥有量较小的国家相比，收入分配不公的现象非常突出。二是同其他国家的收入分配相比，严重依赖初级产品出口的国家的收入分配更为不公。三

---

① 江时学：《拉美国家的收入分配为什么如此不公》，《拉丁美洲研究》2005 年第 5 期。

是离赤道越近的国家，其收入分配越不公平。他们同时也做了大量研究来证明以上观点的合理性。虽然把收入分配不公这个复杂的社会经济问题完全归咎于自然资源禀赋因素和地理位置有些片面和绝对，但以上观点不失为认识拉美收入分配不公问题的一个崭新视角。[①]

拉美国家也进行了大量的反思，学者们普遍达成共识，提出解决收入不公问题的基础性建议，即脱离落后的困境，首先需要摆脱分配不公和两极分化的恶性循环，并提出了一些具体措施用以化解矛盾，如尽快建立社会保障体制、提高最低工资标准以及给贫困人口必要的补贴，等等，但"榨取型"制度这个本质上的问题不解决，拉美的不公平与不平等会长期存在，拉美国家彻底摆脱贫穷则仍然是"镜中花"和"水中月"。

第四节　突出的腐败现象

墨西哥历史上统治时间最长的总统迪亚斯在废除殖民时代遗留下的制度方面，采用了科尔特斯、皮萨罗和托拉多的模式：精英们可以攫取大量财富，而其他人被排除在外。当精英们投资时，经济就会增长一点，但是这种经济增长通常总是令人失望。在这种模式下，经济增长是以牺牲没有权利的人的利益为代价的，例如在 1900～1910 年，大约 3 万名雅基族人被赶到尤卡坦半岛上的剑麻种植园工作，实际上他们被逼迫成为种植园内的奴隶。

这种对增长有害的特定制度模式在拉丁美洲一直顽固持续到 20 世纪，各种集团为争夺权利而斗争，这种模式造成了经济停滞和政治动荡以及持续不断的内战和政治运动。革命、征用、政治不稳定伴随着

---

① 江时学：《认识拉丁美洲》，中国社会科学出版社，2021，第 209 页。

军政府和各种不同形式的独裁而来，尽管也存在渐进的变化，但效果微乎其微。这种不稳定还伴随大规模的镇压和谋杀。1991 年智利国家真理与和解委员会报告确定，在 1973～1990 年皮诺切特独裁统治期间，共有 2279 人由于政治原因被杀害，大约 5 万人被投入监狱遭受折磨，数十万人被解雇。阿根廷全国失踪人口委员会认为在 1976～1983 年被军队杀害的人口达 9000 人，尽管人权组织对此估计为 3 万人。① 这种政治上的腐败至今仍能发现蛛丝马迹。

对比来看，美国于 19 世纪在鼓励创新上比其他国家更为民主。这使它成为世界上最具有经济创新性的国家。② 譬如，在美国，一个很穷但有想法的人拿到专利是完全可能的，因为申请专利的费用很低。此外，从专利中赚更多的钱需要自己开公司，而开公司的资本，美国的银行会以相当低的利息借出。而在墨西哥，情况截然不同。单个的银行之间基本不存在竞争，这种竞争缺乏意味着银行可以向客户收取非常高的利息，这就只能够把钱贷给特权阶层和本已相当富有的人，这些人又反过来利用能够得到的信贷加强对不同经济部门的控制。

殖民社会组织的持续影响以及这些社会制度遗产形成了现代美国和墨西哥的差别。③ 在《国家为什么会失败》一书中，作者比较了美国的比尔·盖茨和墨西哥的卡洛斯·斯利姆，这两个人曾经是世界首富。盖茨和微软的崛起众所周知，微软公司的创新能力世界一流，但是微软公司涉嫌滥用垄断权力已经被美国政府处以巨额罚款。卡洛斯·斯利姆被称为墨西哥的电信大王，他于 2010 年首次在《福布斯》全球富豪榜上位列第一，成为世界首富，并在接下来的 2011

---

① 〔美〕德隆·阿西莫格鲁、〔美〕詹姆斯·A. 罗宾逊：《国家为什么会失败》，李增刚译，湖南科学技术出版社，2015，第 25 页。

② 〔美〕德隆·阿西莫格鲁、〔美〕詹姆斯·A. 罗宾逊：《国家为什么会失败》，李增刚译，湖南科学技术出版社，2015，第 21 页。

③ 〔美〕德隆·阿西莫格鲁、〔美〕詹姆斯·A. 罗宾逊：《国家为什么会失败》，李增刚译，湖南科学技术出版社，2015，第 25 页。

年、2012 年以及 2013 年蝉联夺得世界首富的桂冠。然而,卡洛斯赚取钱财却没有任何形式的创新。最初,他擅长股市交易和精于不良资产管理(购买亏损企业并重新打包出售),后一点他的岳父在资金上给予了他极大的支持。但他最主要的行动就是以极为"合理"的价格购买了 Telmex(墨西哥最大的电信公司),尤其重要的是获得了"在七年内维持其在电信行业垄断地位"的政府承诺,这使得当时是公共垄断的企业由此变成了斯利姆个人的垄断企业,其利润的丰厚程度可想而知。有报道称斯利姆同萨利纳斯政府关系密切,并且还曾经为多个贸易组织和协会提供资助。

造就斯利姆成为世界首富的经济制度与美国的经济制度截然不同。对于墨西哥的企业家来说,准入的壁垒在其职业的每一步都起着非常重要的作用。这些壁垒要么不可逾越,被排除在盈利部门之外;要么成为同盟,将竞争者排除在外。两种境况截然不同,取决于认识谁以及能够影响谁。在以上制度框架下,拉美国家政府官员的腐败现象非常严重,政府部门、执法部门和司法部门中不同级别的官员和普通工作人员均热衷于从事腐败活动。臭名昭著的"石油腐败""毒品腐败"所涉及的都是政府的各级官员,其中不乏上层高官。这些官员以现代化管理为借口,通过巧立名目利用发放各种证件、办理各种手续的机会搜刮民财。①

也难怪世界经济论坛认为,拉美地区是世界上最腐败的地区。诺贝尔文学奖获得者、秘鲁作家巴尔加斯·略萨说,如果要用一个词来描述拉美的特点,那么这个词就是"腐败"。委内瑞拉前总统佩雷斯、巴西前总统科洛尔、尼加拉瓜前总统阿莱曼、墨西哥前总统萨利纳斯、阿根廷前总统梅内姆、秘鲁前总统藤森、哥斯达黎加前总统罗德里格斯和巴拉圭前总统马基等人,都因其从事的腐败活动"曝光"

---

① 张家唐:《论拉美的现代化》,《国际问题研究》2002 年第 1 期。

而被弹劾、辞职或入狱。

政府官员的腐败对经济治理的不良影响是显而易见的，其中最大的影响就是腐败降低了政府的信誉和声望，诱发了选民的"信任危机"，导致政府的公权力弱化，使政府在治理经济时推出的政策陷入"上有政策、下有对策"的困境。例如，拉美国家的偷税漏税现象比较严重。这一问题既与税收制度的设计有关，也与纳税人对政府的不满有关。许多纳税人始终认为，"你政府官员贪污、我平民百姓逃税"是天经地义的行为。① 2001 年 12 月阿根廷爆发金融危机后，民众的示威活动此起彼伏。这种所谓"锅碗瓢盆的力量"攻击的目标之一就是政府的腐败。在游行队伍中，人们高呼的口号是"把那些官僚赶下台"，这体现出的是一种民愤极大的社会环境。此外，作为政府的一种特殊行为，经济治理同样需要资金，而腐败使国家的大量资金进入私人口袋，从而导致经济治理无法获得更多的资金，有时甚至是必要的资金，也就很难想象政府的经济治理能取得预期成效。

小　结

不同的制度将会产生不同的激励。每个社会的发展都是由国家和公民所共同创立和实施的一系列经济和政治制度所推动的。美国远比墨西哥或者秘鲁富有得多，"是由于其制度——无论是经济制度还是政治制度——所形成的产业、个人或政治家们的激励方式"。② 个人才能在社会的每个阶层都很重要，但是需要一个制度框架把它

---

① 江时学：《认识拉丁美洲》，中国社会科学出版社，2021，第 157 页。
② 〔美〕德隆·阿西莫格鲁、〔美〕詹姆斯·A. 罗宾逊：《国家为什么会失败》，李增刚译，湖南科学技术出版社，2015，第 29 页。

转化成积极性的力量。就像制度影响现实生活中的行为和激励因素一样，它们会决定国家的成败。

拉丁美洲自摆脱殖民、建国独立已逾 200 年之久，各拉美国家在政治和经济制度上都经历了天翻地覆的变化，但是时至今日，却极少有国家建立那些对经济长期发展必不可少的制度。正如詹姆斯·A. 罗宾逊在论文中指出的，尽管拉美国家经历了无数的政变与革命，但是许多有关权力分配的特征却顽固地延续下来——这是因为制度存在惯性。在殖民地时期所形成的"榨取型"制度是拉美至今落后的根源，这种制度对拉美的影响是多方面的，尽管有其积极的一面，譬如在殖民地时期以及独立之初促进了当地一定程度的发展，使拉美较早地进入全球化的浪潮之中，并在现代化建设中获得一定的成就；但更多的是带给当地无穷尽的负面后果，并且这种影响已经深入拉美社会的各个角落，甚至在意识形态上对拉美人民产生较大的负面影响，例如，"依附性"难以扭转，拉美大陆"被诅咒""被割裂"，等等，这些悲观的思想在民众当中影响深远。意识形态在非正式规则当中占有绝对的地位，而正式制度正常运转所需的非正式规则非常重要。非正式规则的演变则需要更长久的等待以及足够的耐心，因此，拉美走出"落后深渊"，任重而道远。

结语： 主要结论与政策思考

"虽然我们永远不能创造出一种完全机会平等的制度，但我们至少能够创造更多的机会平等。……我们可以使情况变好。这不是消除不平等或创造完全机会平等，而只是减少不平等程度并增加机会平等程度。"

——〔美〕约瑟夫·E. 斯蒂格利茨，《不平等的代价》

第一节　主要结论

本书主要尝试阐释拉美殖民地时期的主要经济制度，即土地制度、劳工制度以及贸易制度，分别探究了它们各自形成的主要原因，重点分析了这些经济制度的共同特性，即"榨取型"特征，指出正是这个特征导致了拉美时至今日的落后状态。同时，笔者亦尝试分析在拉美独立战争之后这些经济制度的演化及其原因。20 世纪 20 年代以来，为适应经济发展的需要，拉美社会也曾出现了一些经济体制的创新，如银行制度、公司制度、司法制度逐步得到健全。20 世纪 50 年代，为适应进口替代工业化需要，国有企业、发展银行、促进工业和农业发展的机构得以建立；80 年代又进行了私有化、自由化、市场化、国际化的新自由主义改革。这些体制上的改革和创新对推动经济发展都曾起到一定的积极作用，但在总体上这些体制基本上属于浅层次变革，没能从根本上改变传统的社会经济权力结构。因此，殖民地时期拉美地区在土地、资源甚至教育机会的分配领域就存在严重的不平等现象，在独立后不但被保留了下来，而且在不少国家还被扩大了。

由这种"榨取型"制度所带来的根深蒂固的落后意识，更是让整个社会建立在对本土居民的剥削和垄断基础上，阻碍了大多数人的经济激励和创造性。因此，就在世界其他地区以各种方式继续向前发展时，拉美地区却越来越停滞了，某些地方甚至变得越来越贫困。500 年前经济制度和政治制度的相互作用，与拉美国家为什么时至今日还非常贫困有直接的联系。因此，从制度以及历史两个方面来探究拉美落后的原因有一定程度的说服力，这也是本书研究问题的两个基本出发点。

再次回到 18 世纪，当时拉美和北美在人均收入水平上是大体相当的。但是，二者之间也存在明显的区别。相对而言，美国人的平均受教育程度和文化水平都要高得多，而且，美国在此期间已经出现了民主的萌芽。当工业革命开始启动的时候，这些区别有着决定性的作用。2004 年，斯坦福大学的教授斯蒂芬·哈珀就在一篇论文中证明：在 19 世纪的时候，美国的金融发展之所以遥遥领先于墨西哥，在很大程度上都应该归功于美国的政治制度。近代以前的欧洲也出现了类似的制度。在 18 世纪的时候，英国的制度远比其他欧洲国家优秀，但是，直到工业革命爆发，这种制度优势在工业技术的推动之下才最终创造出了巨大的收入差距。同理，拉美的制度缺陷在 18 世纪时没有表现出来，而到了 19 世纪才展露无遗。等级森严的拉美国家不仅没有在教育方面进行充分的投资，而且也没有致力于创新创造和发展维持工业经济活力所需的制度。

在独立之后的 50 年里，大部分拉美国家一直遭受着政治动荡的困扰。这在经济制度为那些掌握政治权力者提供大量寻租机会的社会里，或许是必然的结果。尽管在政权巩固之后，拉美国家的经济的确实现了持久的增长，比如，19世纪70年代之后的墨西哥和阿根廷，但是令人不解的是，它们却未能缩小同美国之间的差距。在20世纪，政治不稳定的阴影依然笼罩着拉丁美洲，这种不稳定表现为军事政变频繁，民粹主义盛行，多个国家比如墨西哥、玻利维亚、古巴以及尼加拉瓜推行革命，这为少部分人累积巨额财富创造了条件，但由此产生的一系列社会制度却无法推动经济的快速发展。

再次回到本书的关键词："榨取型"制度。这种制度的本质就是掠夺人民的财富。这种从殖民地时期所形成的特征对当今拉美产生了深远的影响。尤其是对拉美人民来说，尽管从政治形式上实现了选举，有了一定的决策权和表决权，然而被各个利益集团所游说的精英阶层实质上仍然拥有至高无上的权力，因此所选择的制度或制定出来的政策成为少部分人攫取大部分人利益的一种工具；反映在经济制度的选择上，有的制度或政策由当权者、统治者或精英人物所制定，如各种垄断权、专卖权以及市场控制等。然后，通过这些制度或政策掠夺生产者，使生产者只能得到所生产产品的较少部分，甚至得不到所生产的产品，其结果当然就是生产性激励的不足。

因此，拉美国家失败的主要原因在于它们的"榨取型"经济制度没有创造出推动人们进行储蓄、投资和创新的激励。"榨取型"政治制度则是通过固化那些"榨取型"经济制度中获益者的权力，从而支持"榨取型"经济制度。"榨取型"经济制度和政治制度的细节在不同环境中有所不同，但通常都是国家失败的根源。因为政治家们只乐于攫取资源，这种失败表现为缺乏充分的经济活动，或者挤压任何种类的、可能威胁他们自己和经济精英们的独立经济活动。"榨取型"制度造成了全面的政府失灵，不仅破坏了法律和制度，更破坏了最基本的经济激励，其结果就是经济停滞。当前拉美33个国家经济发展水平整体上偏低，而拉美大国巴西的经济则持续保持了负增长。

殖民地时期的统治在拉美历史上留下了沉重的烙印，即便经过了独立革命，这些制度的性质从根本上也没有得到彻底改变，因此"榨取型"的性质便一直延续到现在。这些制度不能对当地的生产力发展起到促进作用，所以到目前为止，拉美整个地区的健全工业体系还未建立起来，人民没有得到任何从事创新与生产活动的激励。同时，由于经济不景气，拉美国家所宣称的高福利社会保障政策无法有效落实，人民也就一直在贫穷的陷阱中苦苦挣扎。显而易见的是，资本主义的形成和发展从一开始就确定了各中心经济之间的关系以及中心经济与边缘经济之间的关系。拉美经济，从殖民地时期以及此后形成民族国家时起就加入了资本主义体系，并在整个历史进程中一直是这一体系的一分子，而且始终都是作为边缘经济而存在。

因此，拉美经济失败的根源在于制度。不合理的分配制度难以改善严重不平等的状况，也无法使更多的民众分享经济增长的成果，导致贫富严重分化，从而埋下了周期性民粹主义浪潮的隐患。与此同时，"榨取型"的政治制度容易被利益集团俘获，被政治强人利用，采取短视的民粹主义政策，貌似有利于底层大众，从长远看却会危害经济增长，最终损害的往往是其声称要保护的穷人的利益。羸弱的制度无力推行基础性和结构性改革，也难以制定有效的经济政策、建立合理的微观激励机制、提供充足高效的软硬件基础设施和公共服务，以及提高教育体系质量和劳动者技能，从而难以应对经济全球化和外部冲击的一系列挑战。①

---

① 〔智利〕塞巴斯蒂安·爱德华兹：《掉队的拉美——民粹主义的致命诱惑》，郭金兴译，中信出版集团，2019，第 253 页。

第二节　政策思考

探究新世界各个地区历史经验与后来发展道路起源之差异，最常见的是比较南北美洲发展轨迹的差异；探讨为什么美国成为世界上首屈一指的发达国家，而拉美各国仍处于"第三世界"，或许"可以由殖民者在新世界发现的不同环境及其对宗主国需求的关系来加以说明"。"殖民政策与成就的尖锐对比部分地是由于殖民国家的经济与政治差异，但更多地由于被殖民国家自然环境和本地人口的巨大差异。"①

为什么西班牙人以很少的代价就能取得墨西哥和秘鲁具有珍贵价值的不平等交换，从而使这些国家趋向不发达的发展呢？因为他们在那里找到了黄金、白银以及一支已经存在的、有组织的社会劳动力和技术知识；要在殖民地通过最低工资对他们进行剥削，容许欧洲宗主国扩大贸易和积累资本，就需要某种生产方式以及这些殖民地在历史变化环境下的不同体制形式。而这种体制形式或者说体制特征，就是本书通篇所探讨的"榨取型"制度，书中主要是对"榨取型"经济制度的某些方面做了些许说明，事实上，"榨取型"体制在拉美整个地区无处不在。

在这个"榨取型"体制的基础上，独立以来拉美经济发展却不尽如人意。即便拥有丰富的自然资源以及有利的土地劳动力比例，但在独立后 200 年的时间里，还没有一个国家成为发达国家。特别是21 世纪以来，昔日的拉美富国——阿根廷、墨西哥以及巴西，均在

---

① 〔德〕安德烈·冈德·弗兰克：《依附性积累与不发达》，高铦、高戈译，译林出版社，1999，第 46 页。

经历不同程度的显著经济衰退。

由于无法闯入发达资本国家的魔力圈，尽管拉美已经赢得了完全的独立与自由，但其经济仍在一个由别人制定规则的世界中运转。更具体地说，拉美地区一直处于外部影响占统治地位的外围地区。贸易周期、投资和消费格局、债务积累以及技术转让都被拉美国家所无法操纵的外部力量驱动。即便在拉美历史上的内向发展阶段，外部事件内部动态的力量仍然十分强大。外部约束可能是强大的，但绝不可能是不可克服的。因此，本书再一次声明：拉美相对落后的原因应该在地区内部寻找。笔者认为，这一落后的主要原因就来自殖民地时期所形成的"榨取型"制度。

英国是世界上首先拥有包容型而非"榨取型"政治制度的国家，由此英国在殖民地输出的也是包容型制度。西班牙殖民者则是将自认为"精髓"的"榨取型"制度强加给了阿兹特克人和印加人。尽管欧美社会百年的制度优势正在逐渐消失，但西方国家并未停滞不前；反观拉美国家，尽管本国已经处在水深火热的经济倒退漩涡之中，"榨取型"制度的本质特征却似乎从未发生过改变。

詹姆斯·A. 罗宾逊曾经指出：在制度方面，拉丁美洲有着"天生的缺陷"[1]。西班牙殖民者在新大陆建立了庞大的奴隶帝国，以便掠夺其自然资源和其他产品；绝大多数土著居民从一开始就被剥夺了基本的公民权利，他们没有财产权，也不能参政议政，因此，不可能要求当局在教育、基础设施建设以及其他对经济发展至关重要的方面增加投资。即使在殖民制度被废除、正式的民主制度被确立以及大部分人被赋予公民权之后，这种最初的社会等级依然存在。罗宾逊认为，只要精英阶层能够找到新的途径来维持他们的权力和社会地位，政治

---

① 〔美〕弗朗西斯·福山编著《落后之源——诠释拉美和美国的发展鸿沟》，刘伟译，中信出版集团，2015，第 271 页。

平衡方面潜在的不平等就会通过正式政治制度的调整一直延续下去。

若要改变这种"榨取型"制度的性质，就需要从经济制度和政治制度两方面做出努力。首先是对正式制约的探究，虽然找到问题是相对容易的，但实施起来存在相当大的阻力，譬如如何克服惯性以及根深蒂固的既得利益集团的阻挠；其次便是对构成这两种制度的非正式规约进行解析，想要改变数百年来所形成的意识形态，更是伴有不可想象的巨大压力以及未知性；最后关于制度的实施，其过程也是不可控的。当然，如果设计出正式的规约并伴以能够为大众所接受的意识形态，在制度的实施方面则要相对轻松。对于学者来说，理论上的设计远比预期实际发生要简单得多，这也是学者们需要进一步了解历史并在进一步挖掘历史的过程中不断充实自己、修正自己的原因。

本书所进行界定以及尝试分析的"榨取型"经济制度已经给拉美国家带来了影响深远的不利后果，并且历时弥久，预期所有拉美国家都能改头换面并取得良好成绩是不现实的。但意识到问题，并明确改革的目标，应该是生活在那片遥远国度人们的希望所在！弗朗西斯·福山在《落后之源——诠释拉美和美国的发展鸿沟》这本书中就对如何消除拉美和美国之间发展差距的问题给出了四个方面的建议，即实行有效的经济政策、推行制度改革、关注政治建设和采用开明的社会政策。还有一些学者认为，要想推动社会的发展、创造美好的生活，除了增加人力资源开发方面的投资之外，还需要能够为法治提供可靠保障的民主政治框架和稳定的制度基础，以及市场经济框架和明智的经济政策。对于拉美如何摆脱落后虽然很难提出一个一般性的建议，但至少有一点可以明确：要想改变与进步，"榨取型"制度必须得到彻底的摧毁！

参考文献

一 专著

〔美〕约瑟夫·熊彼特:《经济分析史》(第 1 卷、第 2 卷、第 3 卷),朱泱等译,商务印书馆,1991。

〔英〕约翰·希克斯:《经济史理论》,厉以平译,商务印书馆,2010。

〔德〕马克斯·韦伯:《世界经济通史》,姚曾廙译,上海译文出版社,1981。

〔美〕斯塔夫里阿诺斯:《全球通史:从史前史到 21 世纪》第 7 版修订版,吴象婴等译,北京大学出版社,2015。

〔英〕维克托·布尔默-托马斯:《独立以来拉丁美洲的经济发展》,张凡等译,中国经济出版社,2000。

〔美〕托马斯·E. 斯基德莫尔等:《现代拉丁美洲》,张森根等译,当代中国出版社,2014。

〔美〕斯蒂芬·罗博克:《巴西经济发展研究》,唐振彬等译,上海译文出版社,1980。

〔英〕罗伯特·C. 艾伦:《全球经济史》,陆赟译,译林出版社,2015。

〔美〕德隆·阿西莫格鲁、〔美〕詹姆斯·A. 罗宾逊:《国家为什么会失败》,李增刚译,湖南科学技术出版社,2015。

〔美〕道格拉斯·C. 诺斯:《制度、制度变迁与经济绩效》,杭行译,格致出版社、上海三联书店、上海人民出版社，2014。

〔美〕道格拉斯·C.诺斯、〔美〕罗伯斯·托马斯：《西方世界的兴起》，厉以平等译，华夏出版社，2009。

〔美〕道格拉斯·C.诺斯：《经济史中的结构与变迁》，陈郁等译，上海人民出版社，1994。

〔美〕保罗·巴兰：《增长的政治经济学》，蔡中兴等译，商务印书馆，2000。

〔韩〕河连燮：《制度分析——理论与争议》，李秀峰等译，中国人民大学出版社，2014。

〔德〕安德烈·冈德·弗兰克：《依附性积累与不发达》，高铦、高戈译，译林出版社，1999。

〔德〕贡德·弗兰克：《白银资本》，刘北成译，中央编译出版社，2013。

〔美〕彼得·L.伯恩斯坦：《黄金简史》，黄磊译，上海财经大学出版社，2013。

〔美〕吉利斯、〔美〕波金斯等：《发展经济学》，杨瑞龙等译，中国人民大学出版社，1998。

〔美〕艾·巴·托马斯：《拉丁美洲史》，寿进文译，商务印书馆，1973。

〔瑞典〕冈纳·缪尔达尔：《世界贫困的挑战》，顾朝阳等译，北京经济学院出版社，1991。

〔乌拉圭〕爱德华多·加莱亚诺：《拉丁美洲被切开的血管》，王玫等译，人民文学出版社，2001。

〔巴西〕特奥托尼奥·多斯桑托斯：《帝国主义与依附》，杨衍永等译，社会科学文献出版社，1992。

〔巴西〕费尔南多·恩里克·卡多佐等：《拉美的依附性及发展》，单楚译，世界知识出版社，2002。

〔阿根廷〕劳尔·普雷维什：《外围资本主义——危机与改造》，苏振兴等译，商务印书馆，2015。

〔埃及〕萨米尔·阿明：《不平等的发展：论外围资本主义的社会形态》，高铦译，商务印书馆，1990。

〔智利〕塞巴斯蒂安·爱德华兹：《掉队的拉美——民粹主义的致命诱惑》，郭金兴译，中信出版集团，2019。

韩琦：《拉丁美洲经济制度史论》，中国社会科学出版社，1996。

江时学：《认识拉丁美洲》，中国社会科学出版社，2021。

李春辉：《拉丁美洲国家史稿》上册，商务印书馆，1973。

李春辉、苏振兴、徐世澄：《拉丁美洲史稿》，商务印书馆，1993。

林被甸、董经胜：《拉丁美洲史》，人民出版社，2010。

刘文龙：《墨西哥通史》，上海社会科学院出版社，2014。

张森根：《领悟多元视角下的拉丁美洲》，中国社会科学出版社，2015。

二 编著

李明德主编《简明拉丁美洲百科全书》，中国社会科学出版社，2001。

苏振兴编《拉美国家现代化进程及其启示》，知识产权出版社，2012。

苏振兴编《中国与拉丁美洲：未来 10 年的经贸合作》，中国社会科学出版社，2014。

苏振兴编《拉丁美洲和加勒比发展报告（2009～2010）》，社会科学文献出版社，2010。

苏振兴编《拉丁美洲和加勒比发展报告（2008～2009）》，社会科学文献出版社，2009。

苏振兴编《拉丁美洲和加勒比发展报告（2007～2008）》，社会科学文献出版社，2008。

苏振兴编《国际变局中的拉美：形势与对策》，知识产权出版社，2014。

吴白乙编《拉丁美洲和加勒比发展报告（2015～2016）》，社会科学文献出版社，2016。

吴白乙编《拉丁美洲和加勒比发展报告（2014～2015）》，社会科学文献出版社，2015。

吴白乙编《拉丁美洲和加勒比发展报告（2013~2014）》，社会科学
　　文献出版社，2014。

吴白乙编《拉丁美洲和加勒比发展报告（2012~2013）》，社会科学
　　文献出版社，2013。

吴白乙编《拉丁美洲和加勒比发展报告（2011~2012）》，社会科学
　　文献出版社，2012。

吴白乙编《拉丁美洲和加勒比发展报告（2010~2011）》，社会科学
　　文献出版社，2011。

〔美〕弗朗西斯·福山编著《落后之源——诠释拉美和美国的发展鸿
　　沟》，刘伟译，中信出版集团，2015。

三　期刊与论文

董经胜：《独立战争期间墨西哥农民运动的根源探讨》，中国拉丁美
　　洲史研究会第17届年会暨"纪念拉美独立200周年"学术讨论
　　会论文集，2010年10月。

董经胜：《墨西哥革命后国家重建时期的土地改革》，《史学集刊》
　　2014年第6期。

樊纲、张晓晶：《福利赶超与增长陷阱：拉美的教训》，《管理世界》
　　2008年第9期。

方幼封：《第二次世界大战中的拉丁美洲国家》，《军事历史研究》
　　1992年第3期。

斐正兵、黄卫伟：《可竞争性与拉美国家工业化的教训》，《生产力研
　　究》2007年第9期。

郭佩文：《制度变迁中的制度惰性原因探究——基于马克思主义理论
　　和诺斯的制度变迁理论分析》，《前言》2014年第11期。

韩琦：《独立后至20世纪初拉丁美洲的大地产制》，《山东师范大学

学报》（社会科学版）1992 年第 5 期。

韩琦：《从委托监护制与大庄园制的延续性看拉美大地产的起源》，
　　《山东师范大学学报》（社会科学版）1998 年第 5 期。

韩琦：《论拉丁美洲殖民制度的遗产》，《历史研究》2000 年第 6 期。

韩琦：《试探拉美经济发展落后于北美的根源》，《世界历史》1997
　　年第 3 期。

韩琦：《中国学术界对拉丁美洲的认知》，《四川大学学报》（哲学社
　　会科学版）2015 年第 6 期。

韩琦：《论克里奥尔民族主义的形成及其局限性》，中国拉丁美洲史
　　研究会第 17 届年会暨"纪念拉美独立 200 周年"学术讨论会论
　　文集，2010 年 10 月。

韩琦：《论西属美洲独立运动的意识形态根源》，《世界历史》2011
　　年第 5 期。

韩琦：《1870—1930 年拉丁美洲的经济增长》，《世界历史》1995 年
　　第 3 期。

韩琦：《辩证评析拉美的百年经济发展》，《世界经济与政治》2005
　　年第 8 期。

韩琦：《论西属美洲独立运动的意识形态根源》，《世界历史》2011
　　年第 5 期。

韩琦：《哥伦布的殖民政策和分配制》，《拉丁美洲研究》1988 年第
　　6 期。

韩琦：《西班牙殖民统治时期秘鲁的经济制度》，《聊城师范学院学
　　报》（哲学社会科学版）2000 年第 1 期。

韩琦：《秘鲁黑市和经济不发达的根源：重商主义制度——评埃尔南
　　多·德索托的〈另一条道路〉》，《拉丁美洲研究》1995 年第
　　6 期。

韩琦：《20 世纪拉丁美洲的变革与发展》，《世界近现代史研究》（第

7 辑），中国社会科学出版社，2010。

韩琦：《20 世纪拉丁美洲经济发展的特点》，《世界近现代史研究》
　　（第 2 辑），中国社会科学出版社，2005。

韩琦、曹龙兴：《论智利大庄园制度的起源》，《史学集刊》2012 年
　　第 6 期。

韩毅：《西方制度经济史学的历史演进：评价与思考》，《中国经济史
　　研究》2002 年第 3 期。

贺卫：《新经济史学中的寻租理论研究》，《昆明理工大学学报》1998
　　年第 8 期。

洪韬：《非正式制度与经济选择》，《学术论丛》2009 年第 9 期。

黄锦明：《制约拉美经济发展的主要长期因素及其对中国的教益》，
　　《经济师》2003 年第 6 期。

江时学：《拉美国家的收入分配为什么如此不公》，《拉丁美洲研究》
　　2005 年第 10 期。

李明德：《拉丁美洲的经济改革与产业结构调整》，《太平洋学报》
　　2003 年第 4 期。

厉以平：《新经济史学在日本》，《经济学动态》1997 年第 10 期。

林被甸：《独立战争前夕西属美洲资本主义因素问题考察》，《北京大
　　学学报》1982 年第 5 期。

林毅夫等：《战略抉择是经济发展的关键——二战后资本主义国家经
　　济发展成败的透视》，《经济社会体制比较》1992 年第 1 期。

刘文龙：《拉丁美洲和美国独立后经济差距为何扩大》，《社会科学
　　报》1992 年第 1 期。

刘雨：《土地制度安排中的平等与效率问题研究》，硕士学位论文，
　　陕西师范大学，2012。

罗松山、赵荣祥：《英国工业革命的制度基础、法制环境与启示》，
　　《山东师范大学学报》（人文社会科学版）2002 年第 1 期。

盛洪：《中国奇迹的制度经济学分析》，《经济经纬》2011 年第 4 期。

宋佳音：《从李约瑟之谜看工业革命发生在英国的原因》，《中国商界》2010 年第 3 期。

苏振兴：《90 年代的拉美经济：增长与动荡》，《拉丁美洲研究》2000 年第 1 期。

苏振兴：《对拉美国家经济改革的回顾与评估》，《拉丁美洲研究》2008 年第 4 期。

苏振兴：《巴西工业竞争力分析》，《拉丁美洲研究》2008 年第 5 期。

苏振兴：《巴西经济转型：成就与局限》，《拉丁美洲研究》2014 年第 5 期。

苏振兴：《反贫困斗争与政府治理能力——巴西案例研究》，《拉丁美洲研究》2015 年第 1 期。

苏振兴：《改革与发展失调——对拉美国家经济改革的整体评估》，《拉丁美洲研究》2003 年第 6 期。

苏振兴：《关于非正规经济的几个问题》，《拉丁美洲研究》2001 年第 5 期。

苏振兴：《关于拉美国家现代化研究若干问题的探讨》，《学术探索》2006 年第 2 期。

苏振兴：《谨防城市化的消极后果——兼论拉美国家城市化的教训及启示》，《中国党政干部论坛》2006 年第 6 期。

苏振兴：《拉丁美洲：新自由主义退潮，本土发展理论复兴》，《国际问题研究》2008 年第 5 期。

苏振兴：《拉丁美洲的新结构主义》，《拉丁美洲研究》1991 年第 2 期。

苏振兴：《拉丁美洲经济：从衰退到繁荣》，《拉丁美洲研究》2013 年第 6 期。

苏振兴：《拉美初级产品出口模式及其影响》，《拉丁美洲研究》1994

年第 5 期。

苏振兴：《拉美国家工业化模式转型的经验教训》，《中国改革》2003
  年第 12 期。

苏振兴：《拉美国家关于新工业化道路的探索》，《拉丁美洲研究》
  2003 年第 3 期。

苏振兴：《拉美国家能实现〈千年宣言〉的减贫目标吗?》，《拉丁美
  洲研究》2006 年第 2 期。

苏振兴：《拉美经济增长方式转变与现代化进程的曲折性》，《拉丁美
  洲研究》2011 年第 5 期。

苏振兴：《拉美印第安人运动兴起的政治与社会背景》，《拉丁美洲研
  究》2006 年第 3 期。

苏振兴：《论拉美国家产业结构调整的必要性和紧迫性》，《拉丁美洲
  研究》2015 年第 3 期。

苏振兴：《拉美左派崛起与左派政府的变革》，《拉丁美洲研究》2007
  年第 6 期。

苏振兴：《土生白人与拉美独立运动》，《拉丁美洲研究》2010 年第
  6 期。

苏振兴：《新自由主义与拉丁美洲》，《拉丁美洲研究》2004 年第
  2 期。

苏振兴：《增长、分配与社会分化——对拉丁美洲国家社会贫富分化
  问题的考察》，《拉丁美洲研究》2005 年第 4 期。

苏振兴：《智利的经济政策与发展模式》，《拉丁美洲研究》2005 年
  第 5 期。

苏振兴：《中拉关系如何面对未来》，《拉丁美洲研究》2009 年第
  10 期。

苏振兴：《中拉经贸合作继续处于重要历史机遇期》，《当代世界》
  2014 年第 10 期。

苏振兴：《未竟的工业化——对拉美国家工业化进程的考察》，《江汉大学学报》（社会科学版）2006 年第 1 期。

苏振兴：《拉美国家制造业的结构调整》，《拉丁美洲研究》2002 年第 6 期。

苏振兴、张勇：《从"进口替代"到"出口导向"：拉美国家工业化模式的转型》，《拉丁美洲研究》2011 年第 4 期。

孙方、李振宇：《诺斯与马克思：制度变迁的动力比较》，《理论学刊》2014 年第 11 期。

王铭、王薇：《英国工业革命的前提条件》，《辽宁大学学报》（哲学社会科学版）2004 年第 1 期。

王然：《试析南北美洲经济发展差异产生的根源》，《生产力研究》2005 年第 12 期。

王然：《南北美洲经济发展差异研究述评》，《兰州商学院学报》2004 年第 3 期。

谢文泽：《拉美地区产业结构的国际比较》，《拉丁美洲研究》2008 年第 3 期。

徐传谌、孟繁颖：《诺斯制序分析中的建构理性主义及反思》，《上海经济研究》2006 年第 8 期。

晏鹰、朱宪辰：《从理性建构到认知演化——诺斯制度生发观的流变》，《社会科学战线》2010 年第 2 期。

杨万明：《论拉美国家的发展模式转型与发展困境》，《拉丁美洲研究》2006 年第 12 期。

杨威、贾根良：《拉丁美洲保护主义的是与非》，《拉丁美洲研究》2011 年第 4 期。

尹朝安：《拉美发展模式的制度分析》，《拉丁美洲研究》2005 年第 3 期。

袁东振：《对拉美国家经济与社会不协调发展的理论分析》，《拉丁美洲研究》2005 年第 3 期。

张家唐：《论拉美国家的现代化》，《国际问题研究》2002 年第 1 期。

张家唐：《对拉美独立运动爆发原因的再思考》，《拉丁美洲研究》
　　2013 年第 6 期。

张家唐：《拉美的城市化与城市病》，《河北大学学报》（哲学社会科
　　学版）2003 年第 3 期。

张家唐：《论拉美民族独立意识的形成》，《历史教学》（高校版）
　　2007 年第 2 期。

张家唐：《论西班牙帝国衰落与大英帝国崛起的关系》，《贵州社会科
　　学》2013 年第 12 期。

张家唐：《论西班牙与拉美殖民地贸易对双方经济的影响》，《河北大
　　学学报》1996 年第 12 期。

张家唐、乔明顺：《墨西哥独立战争剖析》，《河北大学学报》（哲学
　　社会科学版）2002 年第 2 期。

张森根：《关于拉丁美洲多样性的思考》，《西南科技大学学报》（哲
　　学社会科学版）2014 年第 6 期。

张森根、王绪苓：《拉丁美洲的经济发展及其与发达国家的经济关
　　系》，《世界经济》1983 年第 4 期。

张森根、吴国平：《当前拉丁美洲经济恶化的根源及展望》，《拉丁美
　　洲丛刊》1984 年第 1 期。

张森根、徐宝华：《试析十九世纪初拉美独立战争的性质》，《拉丁美
　　洲丛刊》1983 年第 5 期。

张家哲：《资本主义在北、南美洲早期发展速缓缘由探析》，《上海社
　　会科学院学术季刊》1990 年第 4 期。

章叶：《巴西经济的发展及其障碍》，《大公报》1961 年 9 月。

赵凌云：《新经济史革命的路径、内容与借鉴》，《南开经济研究》
　　2000 年第 6 期。

朱红根：《美国与拉美不同历史发展道路的对比与思考》，《拉丁美洲研究》1998 年第 4 期。

〔日〕西岛章次：《拉丁美洲经济——新经济自由主义的结局与今后的课题》，汪慕恒摘译，《经济资料译丛》2001 年第 2 期。

四　外文资料

Brian F. Crisp, Michael J. Kelly, "The Socioeconomic Impacts of Structural Adjustment," *International Studies Quarterly*, Vol. 43 (1999).

Ben Ross Schneider, "Economic Liberalization and Corporate Governance: The Resilience of Business Groups in Latin America," *Comparative Politics*, Vol. 40, No. 4 (2008).

Dani Rodrik, "Where Did All the Growth Go? External Shocks, Social Conflict, and Growth Collapses," *Journal of Economic Growth*, Vol. 4, No. 4 (1999).

Steve J. Stern, "Feudalism, Capitalism, and the World-System in the Perspective of Latin America and the Caribbean," *The American Historical Review*, Vol. 93, No. 4 (1988).

Daron Acemoglu, Simon Johnson, "James A. Robinson: The Colonial Origins of Comparative Development: An Empirical Investigation," *The American Economic Review*, Vol. 91, No. 5 (2001).

O. Sunkel, "The Structural Background of Development Problems in Latin America," *Journal of Economic Abstracts*, Vol. 5, No. 1 (1967).

Nathaniel H. Leff, *Underdevelopment and Development in Brazil*, London: George Allen & Unwin Ltd. , 1982.

Bernecker, Walther L. and Tobler, Hans Werner, *Development and Underdevelopment in America*, Berlin and New York: Walter de Gruyter, 1993.

Dewitt, John, *Early Globalization and the Economic Development of the U-*

nited States and Brazil，London：Praeger Publishers，2002.

J. Stanley，Barbara H. Stein，*The Colonial Heritage of Latin America*，Oxford：Oxford University Press，1979.

五　网络资料

联合国数据库，http：∥comtrade. un. org／。

世界银行数据库，http：∥data. worldbank. org／。

世界贸易组织官网，http：∥www. wto. org／。

中华人民共和国商务部，http：∥www. mofcom. gov. cn／。

国际货币基金组织数据库，http：∥www. imf. org／external／index. htm。

经济合作与发展组织，http：∥www. oecd. org／。

美洲开发银行官网，http：∥www. iadb. org／en／inter-american-development-bank，2837. html。

联合国拉美经委会官网英文版，http：∥www. cepal. org／en。

后 记

　　本书是对两年（2014~2016）全职博士后工作经历的一个纪念，也是对拉丁美洲一个小范围研究领域的回顾和总结。由于时间和精力等诸多因素，本书的分析还远不够全面与深刻。作为一名高校教师，科学研究会常伴我左右，本书的出版只是一个阶段性研究的成果和总结，今后我会继续在相关研究领域不懈努力。

　　感谢中国社会科学院拉丁美洲研究所柴瑜所长以及各位老师对我的帮助，感谢北京第二外国语学院对本书的资助，感谢社会科学文献出版社对本书的出版，感谢出版社编辑认真审稿和对本书提出了许多宝贵建议。

　　本书文责自负，敬请读者批评指正。

毕　晶

2022 年 5 月

图书在版编目（CIP）数据

拉美殖民地时期经济制度的形成、演化及其影响：
1492–1804 ／ 毕晶著． -- 北京 ：社会科学文献出版社，
2022. 12

ISBN 978 – 7 – 5228 – 1194 – 9

Ⅰ.①拉… Ⅱ.①毕… Ⅲ.①殖民地经济 – 经济制度
– 经济史 – 研究 – 拉丁美洲 – 1492 – 1804 Ⅳ.
①F173. 09

中国版本图书馆 CIP 数据核字（2022）第 237140 号

拉美殖民地时期经济制度的形成、演化及其影响（1492—1804）

著　　者／毕　晶

出 版 人／王利民
责任编辑／张　萍
文稿编辑／顾　萌
责任印制／王京美

出　　版／社会科学文献出版社·当代世界出版分社 （010）59367004
　　　　　　地址：北京市北三环中路甲 29 号院华龙大厦　邮编：100029
　　　　　　网址：www. ssap. com. cn
发　　行／社会科学文献出版社 （010）59367028
印　　装／三河市东方印刷有限公司

规　　格／开　本：787mm × 1092mm　1/16
　　　　　　印　张：9.25　字　数：119 千字
版　　次／2022 年 12 月第 1 版　2022 年 12 月第 1 次印刷
书　　号／ISBN 978 – 7 – 5228 – 1194 – 9
定　　价／98.00 元

读者服务电话：4008918866